ムリに自分を変えないほうがうまくいく！

内向型営業マンの売り方にはコツがある

元リクルート／サイレントセールストレーナー
渡瀬　謙

大和出版

はじめに

売れないのは「自分の性格のせい」だと思っているあなたへ

「ああ、今日も売れなかった。やっぱり営業はムリなのかもしれない」

私はずっと悩んでいました。

売れないこともそうですが、それ以上に、もって生まれた自分の性格に……。

では、私はどんな性格だったのか？

ズバリ、「内向型」です。

そして、自分が売れない理由は、この内向型の性格のせいだと思っていたのです。

陽気で明るい営業マンはみんな売上げを伸ばしています。

それに比べて、私はまったく売れない営業マンでした。

「もっと明るく振る舞わなければ、売れるものも売れないんだ！」

そう考えてムリやり笑顔をつくって客先に行ったこともありましたが、自分でも顔が引きつっているのがわかりました。

そう、笑顔さえまともにつくれない内気な人間だったのです。

しかし、あることがキッカケで、そんな私が突然、売れ出しました。


面白いように受注が続き、一気に全国トップになってしまったのです。

しかも、あの営業の猛者たちが集まっているリクルートで……。


ちなみに私は子どもの頃からおとなしくて、とても無口な性格でした。

人前で話をさせられると、緊張して顔が真っ赤になって全身に汗をかいてしまうほどのあがり症。友だちと一緒に遊ぶよりも、山や川へ行って虫や魚といるほうが好きな子どもだったのです。

それは大人になって就職してからも変わりませんでした。

人を笑わせたりおどけたりすることがいっさいできず、つき合いで行く飲み会でも隅のほうで静かにしているのが常でした。立食パーティなどに呼ばれても、見知らぬ人に積極的に話しかけるなどということはとてもできません。

超がつくほど「内向型」の人間だったのです。

そんな私が突然、売れ出したのを見て、仲間たちは、

「お客さまの前だと、別人のように明るくなるんだろう」

と思っていたそうです。

きっとあなたもそう思うでしょう。

ところが違ったのです。

実際は**「おとなしい性格のままで」**売れていたのです。

結果として私は、ムリに明るく振る舞う努力をやめて、内向型の性格のまま「売れ続ける」営業マンになることができました。

自分にムリをしなくてもよくなったので、何よりも精神的にラクでした。

いま、この本を手に取ったあなたは、私ほどではないにせよ、内気でおとなしい方かもしれません。そして、営業で悩んでいると仮定しましょう。

そんなあなたが、いまの性格のままで「売れる」方法を手に入れたらどうですか？

もって生まれた性格を変えるためのよけいな苦労をしなくてもすむと思いませんか？

私はそれを手に入れました。

その結果、

- **電話が苦手でも、冷たく断られないでアポ取りができるようになった！**
- **商談中にお客さまがどんどんしゃべってくれるようになった！**
- **黙っていてもお客さまに信頼されるようになった！**
- **頼んでもいないのにお客さまを紹介してくれることが増えた！**
- **結果として、精神的な負担もなく売上げを伸ばすことができた！**

いま、私はサイレントセールストレーナーとして、その「売れる」方法を、悩んでいる営業マンに伝える仕事をしています。

しゃべるのが苦手な人、内気で人見知りな人、無口で口ベタな人……。

こんな方々が、私のセミナーや研修が終わった後には、みんなスッキリと明るい顔になります。自分のやるべき営業スタイルが見えて、安心するのでしょう。

そして、翌日からすぐに自分が変わったことに気づいてもらえます。


正確には変わったのではなく、戻ったというのが正しい表現ですが……。


それは、私がかつてたどってきた道なので、彼らが何に悩んで、どこの壁にぶつかっているのかを、ある程度わかっているからだと思っています。

ここで、あなたはこのように思ったかもしれませんね。

「内向型のままでいいというのは何となくわかった。でも、営業の世界というのは、結果がすべてでしょ？　そのあたりはどうなの？」

ご安心ください。

ありがたいことに、ほとんどすべての人が、きちんと結果を出すことに成功しています。

しかも、自分にムリをしない、つまり内向型の性格のままで……。

はっきりいいましょう。


営業マンだからといって、「内向型」の性格を変える必要はありません。


むしろ、これからの時代には「内向型」のままのほうが営業に適しています。

トップ営業の多くが、明るくて押しの強いタイプよりも、無口でおとなしい性格の人だというのが現状なのです。

では、なぜそうなのか？

その理由は、この後ゆっくりとお話したいと思います。

サイレントセールストレーナー　渡瀬　謙

内向型
営業マンの
売り方には
コツがある

もくじ

Contents

Contents

●第2章 もう冷たく断られない、ストレスがかからない！

——ステップ1 ［アポ取り］

●第3章

なぜかお客さまの「心のガード」が自然に下がる！

――ステップ2［訪問］

●第5章 ほとんど話さずにお客さまの「納得」が得られる!
——ステップ4【商品説明】

●第6章

いっさい売り込まないのに「YES」を引き出せる！

——ステップ5［クロージング］

Contents

●終章

だから内向型営業マンには無限の可能性がある！

本文デザイン／図版作成　村崎和寿（シーサイラ）
イラスト　伊東ぢゅん子

序章

なぜ、超内気なダメ営業の私が急に売れ出したのか?

「おまえには絶対に向いていないから、営業だけはやめておけ！」

「ああ、またおなかが痛くなってきた」

私はかつてリクルートに在籍していましたが、最初はまったく売れないダメ営業でした。同じ頃に入社した仲間がどんどん受注してくるようになっても、私だけずっと売れない時期が続いていたのです。

たとえば、アポ取りの電話。

「こんにちは、私、リクルートの渡瀬と申します。すみませんが社長さまいらっしゃいますでしょうか？」

「いません」（ガチャン！）

「こんにちは、私、リクルートの……」

「ああ、ウチはリクルートお断りだから」（ガチャン!!）

「こんにちは、私、リクルートの……」

「おたくら毎日しつこいんだよ。もう電話してくるな！」（ガチャン!!!）

ここまで来ると、もう私の心は限界です。

それ以上、電話を続けることができなくなっていました。

次に、飛び込み営業はどうだったかというと……。

「もうしつこいから二度と来るな！　訴えるぞ!!」

ひどいときには、差し出した名刺をその場で破り捨てられたりしました。

ただでさえ、最大の勇気を振りしぼって、やっとの思いで飛び込みに行っているのに、そんなことをされたら完全におじけづいてしまったのもムリはありません。

当時のリクルートは急成長企業として、まさに行け行けの状態。世間からの風当たりも強い時期だったのでなおさらです。

売れるどころか、冷たく断られるだけの毎日。いつしか私は慢性の下痢になっていました。会社に帰る途中の駅で電車を降りて、何度もトイレに駆け込んだものです。

そう、精神的にも肉体的にもボロボロになっていたのです。


「それもみんな、この内気な性格のせいなんだ」


まわりの仲間も営業先では同じように断られていたに違いありません。それでも彼らはめげずに続けて注文を取ってきます。当時の営業所のメンバーは約20名ほどでしたが、そのほとんどが以前、生徒会長をやっていたとか、運動部の部長をやっていたというような人たち。無口で内向的な私は、彼らとは根本が違っていたのです。

そんなとき、就職するときにいわれた先輩からの言葉が頭をよぎります。

「おまえには絶対に向いていないから、営業だけはやめておけ！」

それは私自身が一番よくわかっていました。

そもそもリクルートへ入社したときも、営業ではなく広告制作を希望していたのです。

しかし、あえなく営業に配属。それに対して反論できなかったのも、内向型である私の弱さです。

どうしてもできなかった「明るく元気な」営業

あなたは、「そんなにつらい思いをしてまで、何で営業を続けていたのか?」と疑問に思ったかもしれませんね。

「さっさとやめればよかったんじゃないか」と。

その理由は単純明快です。他に、できることもやりたい仕事もなかったからです。「資格がなくてもすぐにできるのは営業しかない」と当時の私は思い込んでいました。だから、しかたがなく営業職を続けていたのです。

また、こんな性格ですから、劣等感には慣れていました。「売れなくて悔しい」とか「トップになりたい」などとは思わなかったのです。ただ、私もやはり傷つきやすい心をもった人間です。全然売れないという状況からは何とか抜け出したいと考えていました。

そこで「営業は売れている人のマネをしろ」ということを本で読んで、さっそく私は、明るく元気で売れている仲間のマネをしてみようと思ったのです。

「いやあ、どうも、社長！　今日はいい天気ですねえ！　絶好のゴルフ日和じゃないですか！　今度私も連れていってくださいよ！」

「いまちょうどキャンペーン中でして、通常なら○○円のところを、いまならなんと××円！　この機会にぜひやりましょう！」

「ちょっと待ってください。1分、いや30秒でもいいんです。名刺を置いてくるだけでもかまいませんので、一度うかがわせていただけないでしょうか？　お願いします！」


どれも撃沈でした。

そもそも顔の表情に変化がなく、しゃべり方も単調だった私が、セリフのみをマネしてみても、お客さまに伝わるはずがなかったのです。こちらが精一杯の笑顔で話しかけても、お客さまは無表情に腕組みをしたまま。取りつく島もないとは、まさにこのことです。

「こんなことをいつまで続けていけばいいんだろう？　そのうち慣れてくるんだろうか？」

固まった笑顔のまま、私はまた悩み始めました。

「『明るく元気な』営業ってそんなに簡単にはできないぞ。生まれたときからの性格を

180度変えるなんて、結局ムリなのかもしれない」

そんな私の心の内を知ってかどうかはわかりませんが、営業所内でナンバーワンの売上げを誇るH先輩が、いつまでも売れない私に声をかけてきました。

「今度、一緒に営業に行くか？」

そして、この一言が私の運命を大きく変えることとなったのです。

売れている先輩の意外な営業スタイルに衝撃を受ける！

好意で声をかけてくれたH先輩には申し訳ないのですが、そのときの私の率直な気持ちは、「見たってどうせできないよ」という消極的なものでした。

何しろ、営業所にいるときには常に大きな声で明るく振る舞っている先輩ですから、さぞかし客先でも場を盛り上げながら商談をしていることでしょう。

そんなのは自分にマネができるはずもありません。

だからといって断ることもできないので、ある意味で営業のマジックショーでも観るような気持ちでついていきました。

しかし、その予想は大きく外れることになるのです。

客先に到着して、いよいよ商談が始まりました。

さあ、お手並み拝見というところです。

ところが、いつまでたっても客先での先輩は**「無口」**でした。人が変わったのかと思うくらいで、「もしかして体調が悪いのかな」と顔色をうかがったほどです。いつもの大声もなく、むしろ小さな声でポツリポツリと話していました。

しゃべっているのはほとんどお客さまで、先輩は黙ってうなずいているだけ。

ときには、不安になるくらい**「沈黙」**することもありました。

「本当にこれがトップ営業の商談なの？」

「こんなので売れるはずがない。そうか、このお客さんはもう見切ったんだな。だから適当に流しているんだ」

ただ、気づいたことが1つあります。

そんなに静かな状態だったのにもかかわらず、お客さまの表情がとても楽しそうに見えたのです。身振り手振りで話をしているお客さまとは対照的に、静かに話を聞いている先輩を見ると、どちらが営業マンだかわからなくなるほどです。

話も終盤に来て、最後に先輩が一言。

「それでしたら、この商品がオススメですが、どうしましょうか？」

するとお客さまはニッコリと笑って、

「じゃあ、それでお願いしようかな」

「！！！！！」（↑私の心の声）

たったこれだけ。ろくに商品説明もしないで売れてしまったのです。

本当にマジックショーを観ているような気分でした。

帰りのクルマのなかで私は先輩に聞きました。

「ふだんと全然違うんでビックリしました。あれでも売れるんですね?」

「当たり前だろ。客先でバカ話して笑わせたってしょうがないよ。**よけいなことはいわないで、相手にしゃべらせるほうが結果として売れるんだ。**その意味では、おまえとかは営業に向いているんだけどなあ」

その後の会話は、はっきりいって覚えていません。

H先輩の最後のセリフが私の頭のなかでいつまでも回っていました。

それは生まれて初めて**「営業に向いている」**といわれた瞬間だったからです。

しかも、ダントツのトップ営業から!

「こんなに営業マンっぽくない私が、営業向きだなんて!?」

そこで私は、あらためてその日の商談の流れを振り返ってみました。

冗談で笑わせることもなく、一方的にしゃべるわけでもなく、派手なリアクションもいっさいしない。しかも、お願いすることもなく、結果として売れてしまったなんて!

そのうえ、お客さまもなぜか満足した顔をしていました。

それまでの私のなかでの営業シーンというのは、営業マンがムリにお願いをしてお客さまは渋々ハンコを押すというものだったのに、そのイメージさえも崩れたのです。

その後も、何度かその先輩に営業同行をさせてもらって、お客さまとのやりとりを観察しましたが、基本的なスタイルはいつも同じでした。

営業所内では相変わらずくだらないことをいって、みんなを笑わせているH先輩を見ながら、私は1つのことを考えていました。

「彼の明るい性格をマネすることはできないけど、あの**『もの静かな営業スタイル』**だけならマネできるかもしれない」

行き詰まっていた私にとって、それは営業マンとして生き残るための希望の光が見えた瞬間でした。

「もの静かな営業スタイル」で徐々に手ごたえをつかむ

私は決めました。

「もう明るい営業マンを目指すのはやめよう」と。

しゃべらないで売れるのなら、自分にとってはそれが一番だし、何よりも私には他に道がなかったからです。

ただ、最初は不安でした。

「本当に私でも『もの静かな営業スタイル』が通用するのだろうか？」

「これはあの先輩だからできたのではないのか？」

などとあれこれ想像してはマイナスイメージをふくらませていました。これも内向型である私の悪いクセです。

そして、ついに営業の場面がやってきたのです。

私はH先輩になったつもりで商談を始めました。

その効果はてきめんでした。

「ムリにしゃべらなくてもいい」と思うだけで、あがり症の私でも、不思議に落ち着くことができたのです。お互いに「沈黙」になりそうになったときに、思わずしゃべってしまうこともありましたが、それでも手ごたえはありました。

いつもよりお客さまの表情がやさしくなっていたのです。

そして、帰り際に投げかけてくれた**「ご苦労さまでした」**という一言。

いままでそんなことをいってもらったことがなかったので、私にとっては大きな前進でした。

「よし、これならいけるかもしれない！」

それからは、各営業場面に応じて、**「素のままの自分」**でいることを意識するよう常に心がけました。

電話でアポを取るとき。

初対面のお客さまと会うとき。

お客さまのニーズを引き出すとき。

商品説明をするとき。

そしてクロージングのとき。

営業のどんな場面でも、もの静かな自分のままでいることを重視したのです。

なかには思いのほかうまくいったり、意に反してダメだったりといろいろありましたが、そうして試行錯誤していくうちに、徐々に**「内向型のままでも売れる」**コツとポイントが見えてきました。少しずつ注文が取れ始めてきたのです。

それに比例して、私の心を大きく支配していた精神的苦痛も消えていったのです。

自分にムリをしなくなったら、短期間でトップ営業に！

「ムリに明るい営業マンを目指すのはやめよう」と決意してから数カ月後のこと。

なんと、いくつかの案件が一気に受注につながって、営業達成率で全国のトップになってしまったのです。

しかも、ダントツのトップでした。

リクルートに入社してわずか10カ月――。

これには自分でもビックリです。

それまでの人生において、私は何かで一番になったという経験がまったくありませんでした。

それが、こともあろうに、自分が最も苦手だと思っていた「営業」でトップになれたのです。

しかも、「内向型」の自分を変えることなく！

その頃、私のなかには「営業ってこういうものなのかな」という1つの必勝法則的なものができつつあったのですが、それがトップになるという結果を出せたことで、**「営業ってこれでいいんだ！」**という確信に変わりました。

そしてその後も、自分なりの営業法則を身につけたことで、自信も結果もついてくるようになったのです。

相変わらずの無口で人づき合いも苦手でしたが、素のままの自分で客先に行けるようになったので、とても気がラクになりました。

そして、あのときH先輩にいわれた「おまえは営業に向いている」という意味がようやくわかったのもこのときです。

後で知ったのですが、私がH先輩の営業シーンを最初に見ることができたのはとてもラッキーなことでした。

当然のことながら、リクルートの他の営業マンのすべてがもの静かな営業スタイルだというわけではありません。むしろ客先でも明るく元気な営業マンが大多数でした。当時の私がそれを見ても自信を失うだけだったでしょう。

あのとき、H先輩の内向型営業を間近で体感することができたからこそ、営業を続けられたのです。そして結果を出せたのです。
その意味では、私はリクルートのなかでは異色の営業マンだったといえるでしょう。
でも、いまの私なら自信をもって断言できます。

「これからは内向型営業マンのほうが売れる！」と。

なぜか？
次の章で、その理由を解説していきたいと思います。

第1章

これが、内向型のままでも売れる「ステップ営業法」だ！

トップ営業には じつに意外な共通点があった！

ここまで読んできていかがでしょうか？

「内向型の性格でも売れる人がいるんだなあ」

「もしかしたら内向型ってそれほど悪いことじゃないのかも？」

などと少しでも思い始めていただけたとしたら、うれしいかぎりです。

でも、なかには、「それはあなただからできたんでしょ？」と思っている人がいるかもしれませんね。

実際に私のセミナーなどでも、受講している方からよくいわれたりします。

「内向型＝売れない」ということは、ずっと世間でいわれてきたことなので、疑問に思うのも当然のことです。

でも、それに対して私は、はっきりと「ＮＯ」といえます。

私は無口で引っ込み思案であがり症。超がつくほどの内向型人間です。

そんな私が、いまでは**「むしろ内向型営業マンのほうが売れる！」**とさえ思っています。なぜって内向型のトップ営業は、じつにたくさんいるのですから……。

正直にいって、私も以前は思っていました。

「リクルートの仕事と私との相性がよかったから、内向型のままでも売れたのかもしれない。だから他では通用しないのではないか？」と。

でも、そんな疑問が消えたのは、ある大手ハウスメーカーのトップ営業たちにインタビューをする機会を得たときのことでした。

住宅は個人の買い物のなかでは一番高額な商品です。そのトップ営業ですから、さぞかしアクの強い人たちがたくさんいるだろうと思っていました。

ところが、実際に会ってみると、意外に地味な感じの人ばかり。

「えっ、あなたが⁉」と思えるような、線が細くて、とても売れている営業マンとは思えない人が多かったのです。

彼らはもともと気が弱かったり、口ベタだったりしたそうですが、それはインタビューをしていてもよくわかりました。あまりしゃべりがうまくないのです。

しかし、いっていることには真実味が感じられました。

なぜでしょうか？

それは、うわべだけのカッコつけた話し方ではなく、本当に自分の気持ちを正直に話しているというのが、伝わってくるからです。

「この人なら信頼できる」と思わせる雰囲気をもっていたのですね。

そんな彼らには1つの共通点がありました。


それは、「一見すると、とても営業マンには見えない」ということです。


いかにもやさしそうで、押しが弱そう。ムリなことをいいそうもなく、ガツガツしていない、という印象なのです。自分をよく見せようと見栄を張るなどといった、営業マン特有の気負った感じがまったくありません。

こういう営業マンだったら、お客さまの立場になってみると、「ムリに売り込まれたりしない」と感じて、とても気がラクになりますよね。「営業マンに見えない」というのは、そのままでお客さまの警戒心を解いてしまうパワーがあるのです。

これは後で詳しくお話しますが、今後はますます営業マンに見えないほうが売れる時代になっていきます。

その点で、内向型の人は、先天的に「営業マンに見えにくい」という「利点」をもっています。それを有効に使わない手はありませんよね。

取材したトップ営業の人たちは、みんなそれを無意識にせよ応用していました。

そして同時にこのことは、**「リクルート以外の業種でも内向型営業マンは通用する」**ということの証明でもあったのです。彼らと接したことで、私が抱いていた「自分はたまたま運よく売れた特殊な例なのかもしれない」という疑念は吹っ飛びました。

それからは意識していろいろな売れている営業マンを見てきましたが、業種を問わずトップ営業には内向型の人が多いのだということを知ったのです。

あなたは内向型ですか？

そうだとしたら、あなたはすでに強力な武器をもっていることになります。

何しろ、「営業マンに見えにくい」わけなのですから……。

しかし、内向型人間であることのメリットはそれだけではありません。

じつは内向型人間には、それ以外にもさまざまなメリットがあるのです。

さっそく次の節で見ていくことにしましょう。

内向型人間に隠された5つのメリット

私は幼い頃から内向的で、それに対して長い間コンプレックスをもっていました。だから、恥ずかしいので自分で自分のことを「内向的」だなんて、口が裂けてもいえませんでした。

でもあるとき、開き直ってそのコンプレックスを表に出すことで、逆にメリットになるのだということを知りました。

私の肩書である「サイレントセールストレーナー」もその1つです。

もの静かな営業マンを養成する仕事——。それがいまでは私の個性、そしてブランドにまでなっているのです。ずっと短所だと思っていたことが、長所に変わったわけです。

私は内向型であることに対して悩んでいる営業マンに、早くその自分の長所に気づいてもらいたいと思っています。

では、内向型のメリットとはどんなものでしょうか？

【メリット①】言葉数が少ないのでウソをつくように見えない

内向型人間には、よけいなことはいわず、大事な部分のみ口を開くという傾向がありま す。話すときもじっくりと内容を吟味してから言葉をしぼり出すことが多いうえに、不用意な言葉や失言を恐れているので、一語一語とても慎重に話します。

そんな内向型営業マンの言葉にウソは感じられません。内向型という性格がそのまま信頼感につながっているのです。

【メリット②】態度が穏やかなのでマジメに見られる

見た目が地味で、表情もあまり豊かではありません。つくり笑いもできず、感情表現が苦手ですが、そのぶんだけ誠実に見られます。お愛想やごまかし笑いをしないので、「マジメで頼りになる人」と思われるのです。

【メリット③】押しが弱いので警戒されにくい

相手に強くものをいうことができません。ガツガツと説得することも不得意です。人にイヤな思いをさせることが怖いので、ムリやりな行動はいっさいしません。というよりできません。押しの強い営業マンは最初から警戒されてしまいがちですが、その点、内向型営業マンは、警戒されにくいというアドバンテージがあるのです。

［メリット④］聞くことに慣れているので相手が話しやすい

内向型の人の会話は、そのほとんどが聞き役です。自分で話をするよりも、相手の話を聞いてそれに対してリアクションをとるのが基本になっています。とくに営業の場面では、この「聞く」という動作がとても重要になってきます。これを自然体でできるのも大きな強みです。

［メリット⑤］黙っているだけで思慮深く思われる

次の言葉を考えるために黙ってしまうというのは、内向型の人に多く見られる傾向です。要は慎重すぎるためにポンポンと言葉が出てこないのですが、そのぶんだけ思慮深く思われて、軽薄に見られることがありません。内向型営業マンは、「じっくりと自分のことを考えてくれる人」とお客さまに思われるのです。

いかがでしょうか？

こうした内向型のメリットは、裏を返せば「無口」「暗い」「おとなしい」「つまらない」「元気がない」などと、一般的にはデメリットだと思われてきたものばかりです。

たしかに従来の営業にとってはマイナス要因でした。

ところが現在では、お客さまは必ずしも明るく元気な営業マンを求めているわけではありません。話が面白くて接待上手な営業マンが花形だった時代はもう過去のことです。

それよりもむしろ「マジメそう」「ウソがなさそう」「警戒しなくていい」というように思われる営業マンがお客さまに望まれている傾向にあります。そして、それは今後ますます顕著になっていくでしょう。

これからご紹介するのは、すべて私が実践して成果を出してきたものばかりです。

しかも、超内向型である私自身が、ストレスを感じることなく簡単にできた方法です。

なかでも、その大きな柱が、**「営業プロセスをステップに分けて行う」**というものです。

名づけて**「ステップ営業法」**――。

では、なぜステップに分けるのか？

まずは、次の節でその理由を説明しましょう。

営業プロセスをステップに分ける3つの理由とは?

前の節の終わりのところで、「営業プロセスをステップに分ける」ことが私のやり方の大きな柱となっている、とお話しました。

これは最近の営業本にも書いてあることが増えてきたので、ある意味で当たり前のことです。

実際、当人がそれを意識してやっているかどうかは別にして、業種を問わず、売れている営業マンはみんなやっていることなのです。

事実、私がセールストレーニングを行うときに、このステップができているかどうかをチェックする場面があるのですが、その際に、「この人はちゃんとできているな」と私が思う人は、例外なく売れている人でした。

営業プロセスをステップに分けると、以下のメリットがあります。

【メリット①】起承転結が明確になるので、途中で混乱しない

気が弱いために相手に影響を受けやすい内向型営業マンは、この営業プロセスが前後してしまう傾向があります。「ヒアリング」をしている最中に「商品説明」をするとか、いきなり「ヒアリング」を始めてしまうなどです。

プロセスが前後してしまうと、お客さまはもちろんのこと、営業マン当人も混乱します。そうなると、あがり症の人はとくに緊張してしまい、もう収拾がつかなくなってしまいます。軽いパニック状態ですね。それを防ぐためにも、正しい営業プロセスをきちんと踏むクセをつけることが重要なのです。

【メリット②】小さなゴールを段階的に設けることで、精神的負担が減る

お客さまと商談をしていると、途中で迷ってしまったり、横道にそれてしまうことがよくあります。とくに丸暗記で覚えた営業トークを使おうとするときには、途中で何か障害があると、そこでトークが止まってしまうものです。

私がよくやったのは、覚えたはずのトークを忘れてしまい、途中で言葉が途切れて頭が真っ白になることです。アドリブもきかずに、ただオロオロとしているだけでした。

もう全身が汗でびっしょり。二度と味わいたくありません。

それに対して、各ステップごとにゴールを決めておくと、精神的にとてもラクになります。「ヒアリング」中なら、とりあえず「ヒアリング」のゴールだけを目指せばいいのです。緊張しがちの人には、とくに有効です。

【メリット③】お客さまの心理状態がわかるので、心配性には最適

商談中に心配なことの1つに、「お客さまが何を考えているのかわからない」という状態があります。ステップに分けると、常にお客さまの心理状態を確認しながら進めることができるので、その不安がなくなります。お客さまの心の内を知り、それに最適な提案をすることができます。それによって、お客さまも安心しますし、何よりも自分自身が安心できるのです。


個々のステップについては、各章ごとに詳しくお伝えしていきますが、いずれも私の内向的な性格のメリットを活かしたものになっています。

そこで、今度はいよいよ「ステップ営業法」の全体像を紹介することにしましょう。

「売れる営業」と「売れない営業」の分かれ目はここにあった！

まずは51ページをご覧ください。ここに掲載したものが、いわば本書の内容、すなわち「ステップ営業法」の全体図ということになります。

もしかしたら、どこかで見たことがある人がいるかもしれませんね。「もう知っているよ」という方もいるでしょう。営業の基本は同じなので、この流れはある意味で共通なのです。

ところが、知ってはいても実際にはどうかというと、各ステップの本当の意味を理解して、それを意識してやれている人は、残念ながらまだほんの一部にすぎません。

よく、売れている人に「売れる秘訣は？」と聞いても、「いやあ、普通にやっているだけなんだけどなあ」などのあやふやな答えしか返ってこないことがありませんか？

しかし、そういう一部の天才型の人でも、無意識のうちにこのステップを踏んでいるのです。

つまり、誤解を恐れずにいえば、このステップさえ外さなければ、たいていのものは売れる、ということなのです。

私は仕事柄、ときどき自分が営業される場面を意識してつくっています。だれかが電話で営業をしてきたときなどに、わざとアポを取られて、実際に会ってみるのです。

すると、「この営業マンは優秀だなあ」と感じる人は、まず間違いなくこの営業ステップに沿っていました。逆に一瞬で「売れない営業」だとわかる人は、これができていないのです。

売れる人と売れない人の決定的な違い――。

それは、この営業ステップにあるといっても過言ではありません。

さて、この営業ステップなのですが、全体としては大きく2つに分かれています。

ステップ1の「アポ取り」と、ステップ2～5までの「訪問」「ヒアリング」「商品説明」「クロージング」です。

「ステップ営業法」の全体図

**ステップ分け
することのメリット**

- 起承転結が明確になるので、途中で混乱しない
- 小さなゴールを段階的に設けることで、精神的負担が減る
- お客さまの心理状態の変化がわかるので、心配性には最適

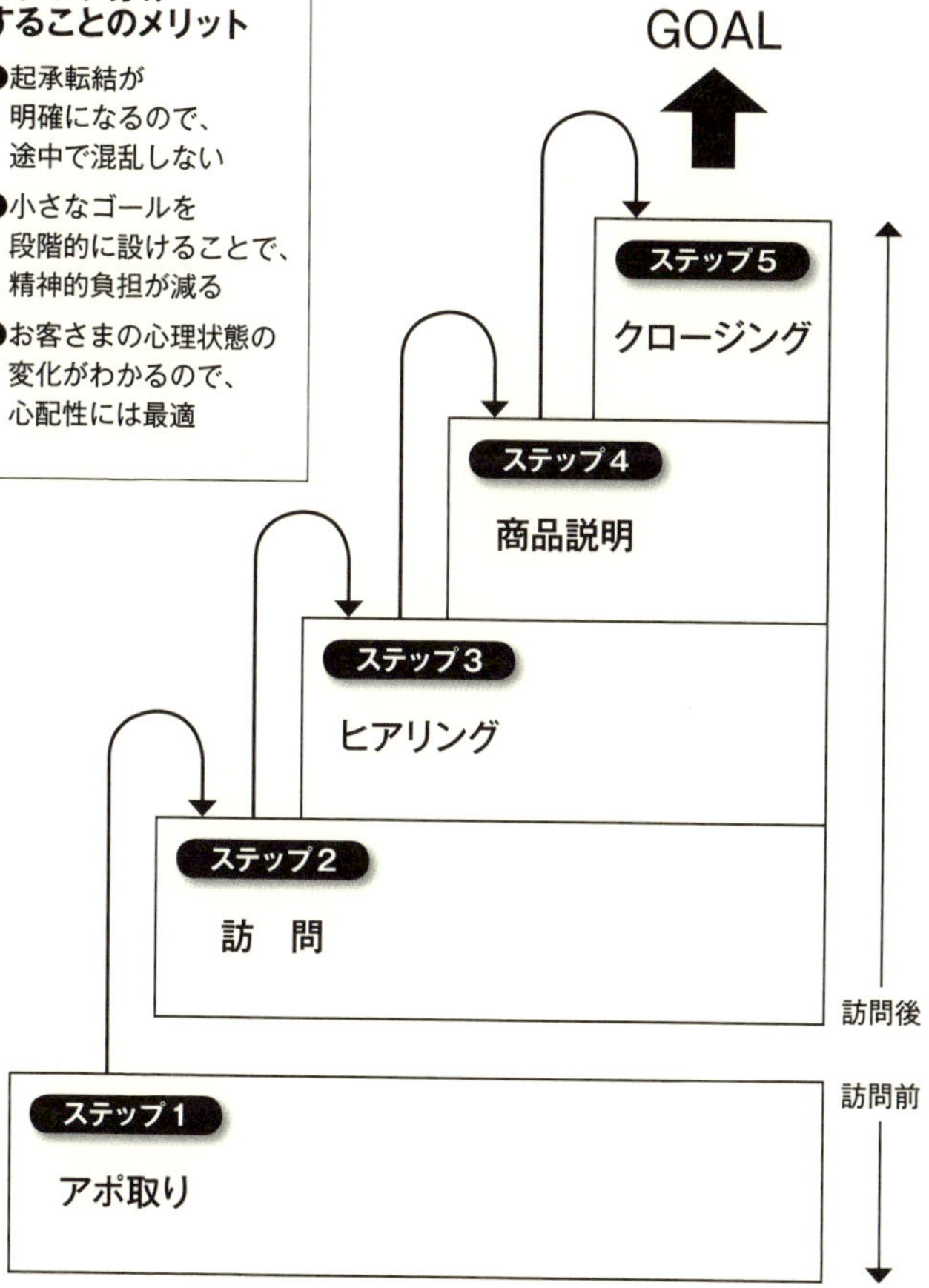

「アポ取り」では、アポや飛び込みが大の苦手だった私でも、ストレスなく簡単にアポが取れた手法を解説します。訪問するお客さまを見つける段階になりますね。

そして、アポが取れたら次のステップに移ります。実際にお客さまに会うというステップです。「訪問」から「クロージング」までが一連の流れになっています。

このステップで何をするのかということを、内向型営業マンに特化して解説します。

構造としては、段階を追ってそれぞれのハードルを下げて、1つずつをラクにクリアできるようになっています。それによってアドリブが苦手な人や、横道にそれるとパニックになってしまいがちな人でも落ち着いて営業を進めることができます。

一見、細かく分かれていて面倒くさいと感じたかもしれません。でも、じつはとても単純なのです。むしろそれぞれの意味を理解すれば、営業そのものがシンプルに感じられるようになるでしょう。

さらに内向型営業マンにとって一番気になる**「お客さまの心理状態」**を常に意識した流れになっているので、「お客さまが何を考えているのかわからない」という不安と、それに伴うストレスが激減することをお約束します。

とくに内向型人間には
ピッタリの営業手法

営業プロセスをステップに分ける——。

これは、とくに私のような内向型営業マンに向いています。

たとえば、人と話をしていて、こちらが話している途中で相手に話題をもっていかれてしまうことがありませんか？

私はよくあります。

「……で、そのとき急にパトカーが来てさあ……」

「そうそう、パトカーといえば、この前面白いことがあってね。……していたときに……に見つかって……だったんだよ（笑）」

「……それは面白いね……」

こんな感じで、自分の話がいつの間にか消えてしまい、しかも結局、続きを話すことなく会話が終わってしまう、というようなこと。

とくに口ベタで引っ込み思案な人などは、こんな経験がよくあることでしょう。

これってちょっと悔しいですよね。

でも、じつはこうしたことは、営業の場面でもよくあるのです。

こちらが説明をしていると、急にお客さまが、

「たとえば、これってどういうことなの?」

「ちなみに料金はいくら?」

などという具合に、こちらが話している内容と関係のない質問を始めるというようなことが。そして、その質問に答えてしまうと、それまで説明していたことが尻切れトンボになってしまい、商談もグダグダになってしまう……。

私は何度も味わいました。本来が相手に合わせてしまう性格なので、どうしてもこちらの話題に強引に戻すことができなかったのです。

ところが、営業ステップを意識するようになってからは、それがいっさいなくなりました。途中で話が別の方向に行っても、すぐに**「軌道修正」**ができるからです。

その意味でも、とくにとっさにその場で対応するのが苦手な人は、絶対にマスターされることをオススメします。

そもそも「アポ取り」「ヒアリング」「商品説明」は営業ではない！

営業をステップに分けることの理由をもう少しだけお話します。

じつは、そもそも営業をステップに分けるという発想自体が変なのです。

なぜって、もともと分かれていたものだったのですから……。

ここで、あなたに質問です。

もし、あなたの仕事のなかから「アポ取り」を取り除いたらいかがですか？

その部分をだれか他の人がやってくれるとしたら、どうでしょう？

とてもラクですよね。営業の悩みの大きな部分が解消されることでしょう。

そして、実際に「アポ取り」というのは、営業の仕事ではないというのをご存知でしょうか？

57ページの図を見てください。

これは営業ステップごとに英語での職種を加えたものです。

日本ではこのプロセスをすべて「営業」という職種の人が1人で行うのが普通ですが、アメリカなどでは、このようにステップごとに職種が分かれていて、たいていそれぞれ専門の人が別々に行っているのです。うらやましいですよね。

これで見ると、「アポ取り」と「訪問」「ヒアリング」は**「リサーチ&マーケティング」**、「商品説明」は**「プレゼンテーション」**となっていて、「クロージング」でやっと**「セールス」**が登場します。

本来は別々の仕事だったのにもかかわらず、日本の営業マンは1人で全部をやらなければならないのです。そして、これこそが営業が難しいといわれるゆえんなのです。

ここで注意しなければならないのは、それぞれの職種が変わるポイントです。

本来ならだれかとバトンタッチするところを1人でやるのですから、そのときに意識を変えていく必要があるということです。

「ヒアリング」が終わったら、「商品説明」に切り替える。そして「クロージング」になったら、また切り替えるというように、ステップごとに頭のスイッチを切り替えるのがポイントです。

実際、売れている営業マンは無意識でこれをやっているのです。

営業ステップの職種分類

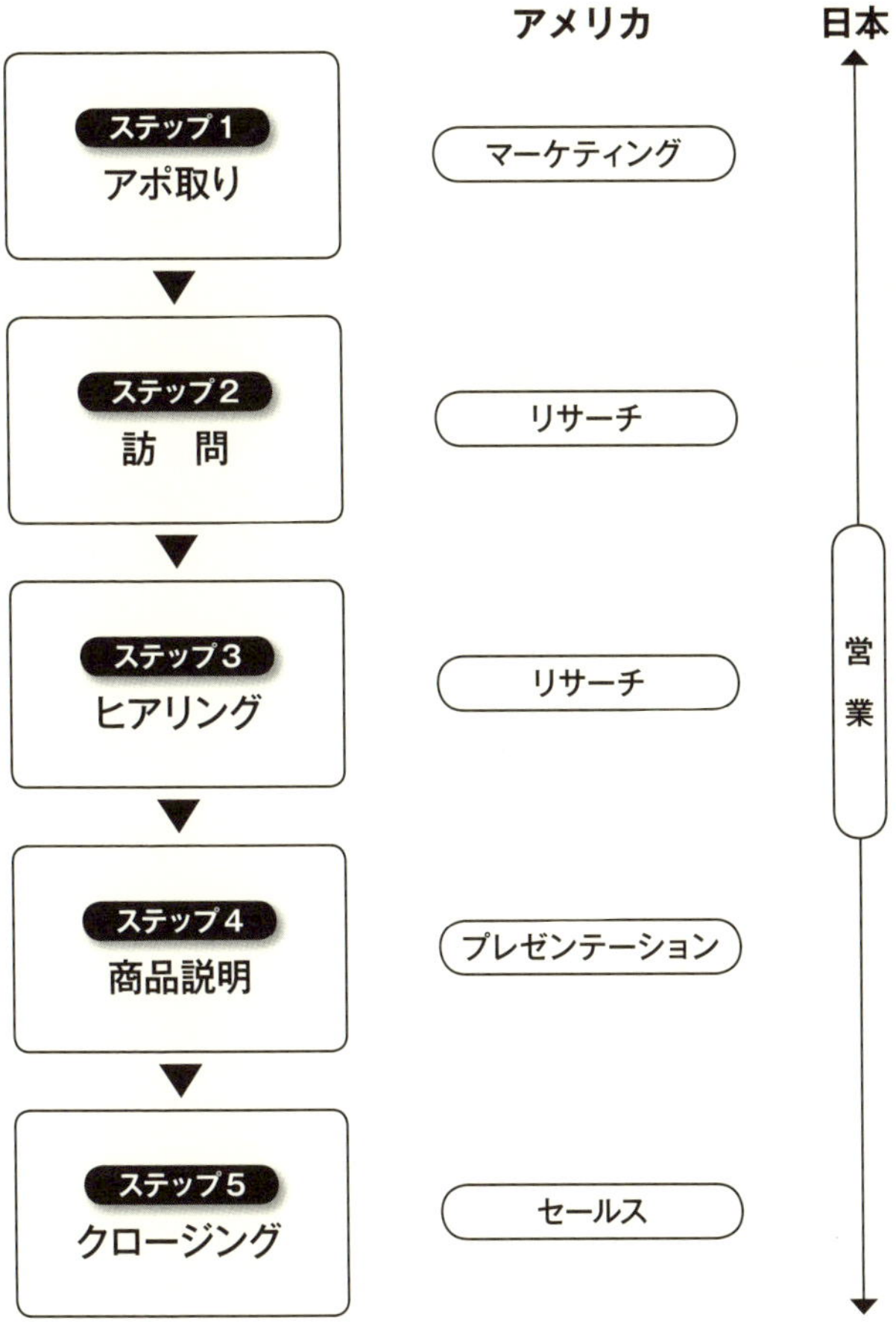

では、どうすればいいのでしょう？

たとえば「アポ取り」や「ヒアリング」の場面では、セールスのことはいっさい忘れて、マーケティングやリサーチに徹してみるのです。つまり、ステップのゴールのみを目指すわけです。もちろん、これは他のステップでも同様です。

そう考えると、あることに気がつきませんか？

そう、セールスをする場面というのは**「クロージング」**の部分だけとなるのです。

これって気持ちがラクになりませんか？

他の部分では売ることを考えなくてもいいのですから……。

このように営業をステップに分けることで、その切り替えをスムーズに行うことができるというのが、ステップ分けをオススメするもう1つの理由です。

いかがでしょうか？

これから解説する**「ステップ営業法」**をマスターすれば、もう内向型だということで悩む必要はありません。ムリに性格を変えようとしなくてもいいのです。

それでは、いよいよ次章から各ステップで何をするのかを詳しく見ていくことにしましょう。

第2章

もう冷たく断られない、ストレスがかからない！

ステップ1

［アポ取り］

普通のテレアポや飛び込みなんてやっていられない！

「ああ、また胃が痛くなってきた」

序章の最初でも触れましたが、私がリクルートに入社した当時のテレアポや飛び込みの成果はヒドイものでした。

結果が出ないのはもちろんですが、それよりも精神的苦痛のほうが深刻でした。いま思い出しただけでも胃が痛くなってきます。

気合を入れて電話をするたびに冷たく断られます。

勇気を出して飛び込みに行くたびに門前払いです。

「そんなの当たり前だよ」とふだんやっている人はいうかもしれません。

でも、その営業なら当たり前だと思われていることすら満足にできませんでした。

あなたはいかがですか？　アポ取りと聞いただけで胃が痛くなるタイプですか？

強度の内向型だった私にとって、アポ取りは本当に苦痛なことだったのです。

というわけで、テレアポや飛び込みに関しては、リクルートに入社した最初の頃こそ頑張ってやりましたが、すぐに挫折しました。身体が受けつけなかったからです。

でも、そのかわりに自分なりの方法で新規を獲得していました。

具体的には、狙いを定めた会社に対してのみアプローチする作戦を行っていたのです。

たとえば、担当エリアのなかの建設会社のみに対して、専用のチラシをもっていくというわけです。

そのチラシはもちろん建設関係の内容です。飛び込みで行くのですが、単に受付にそれを渡すだけ。その場でアポを取ろうとか、「担当者に会わせてください」などのお願いはいっさいしません。「これを担当の方にお渡しください」といって帰ってくるだけなのですが、それが私にできる新規営業だったのです。

さて、この章でご紹介する**「ＴＦＴアポ取り法」**は、私が当時のリクルートでやっていたこの新規アプローチのやり方をベースにして、独立後に完成させた手法です。

「リクルート時代にこのアポ取り法を使っていれば、もっとラクにできたのに……」

これがいまの私の心境です。

では、そんな手法をどうやって見つけたのか？

次の節で、そのキッカケについてお話することにしましょう。

絶体絶命の危機を救ってくれた「TFTアポ取り法」

これは私がリクルートを退社した後、念願だったデザイン制作会社を設立して数年がたった頃の話です。

私に、ある1本の電話がかかってきました。

「この雑誌、3カ月後には廃刊になるんだ」

お客さまからの突然の知らせ……。

それは私の会社が担当していた月刊誌でした。

当時、私は8名のメンバーを抱えていました。仕事も順調で、これからまた社員を増やそうかと考えていた矢先に、その電話が入ったのです。

さらに悪いことは続くもので、その数日後、今度は別の出版社でやっていた雑誌も、コストダウンを理由に社内制作に切り替えるという知らせが来たのです。

この2つの雑誌が会社の売上げに占めている割合は3分の2以上。「倒産」までのカウントダウンがいきなり始まってしまったのです。

リミットは3カ月でした。

「何とか新しい仕事を取ってこなければ！　でも、そのためには、またあの地獄のようなアポ取りをやらなくちゃいけないのか」

考えれば考えるほど胃のあたりがキリキリしてきましたが、背に腹は代えられません。

久しぶりに勇気を振りしぼってアポ取りの電話をしました。

「けっこうです！」（ガチャン）

即座に冷たく切られて、心がポッキリと折れました。

1本電話をしただけで、もうイヤになったのです。

「相変わらずテレアポはキツイ……。いくら会社を立て直すためとはいえ、こんなにツライ思いを続けることはとてもできない」

そこで、私はある意味で開き直りました。

「**テレアポや飛び込み以外の方法で、何とかストレスなくアポが取れる方法**を探してみよう！　それでもダメなら倒産もしかたがない」

そうやって試行錯誤の末に考え出したのが「ＴＦＴアポ取り法」なのです。

やってみると、最初30件にアプローチをして5件のアポが取れました。

これはテレアポをやったことがある人ならわかると思いますが、かなり優秀な数値です。しかも、そのうち3件から受注ができて、結果、何とか倒産の危機を脱することができたのです。

地獄のようなアポ取りを経験したことがある私にとって、この手法はまさに天国でした。その効果はもちろんですが、何よりも電話口で冷たく「ガチャ切り」されることがなくなったのです。

ストレスがかかるかどうかというのは、内向型の私にとっては大きな問題点でした。それが見事にクリアされていたのです。

その後、この「ＴＦＴアポ取り法」は、セミナーや企業研修などを通して３００社以上に使われるまでになりました。

おかげさまで、この手法を取り入れたほとんどすべての会社から、「やってよかった」

とのありがたいお言葉をいただいています。

繰り返しになりますが、この章では、私のような口ベタで気が弱い営業マン向けに考案した「ＴＦＴアポ取り法」を解説します。これを使えば、ストレスなく、気軽に、さらには営業未経験の人でも確実に新規アポイントが取れるようになるでしょう。

テレアポをしなければいけない立場にいる営業マンの方には、ぜひ参考にしていただきたいと思います。

ムリに「明るく元気な」アプローチをしてもアポは取れない

私がリクルートで悲惨なテレアポをやっていたときの話です。

当時の私は、ムリして明るく電話をすることを心がけていました。

声も元気にハキハキと、明るい営業マンを一生懸命に演じていたのです。

なぜ、そうしていたのかというと、まわりのみんなもそうでしたし、そもそも営業というのは「明るく元気な」ものだと思っていたからです。

あなたはどうですか？　やはり明るい声でアポ取りをやっていますか？

その明るい電話での成果はいかがですか？

私はまったくダメでした。明るい声で電話をしても、冷たく断られていました。

はたして、アポ取りの電話は本当に明るく振る舞ったほうがいいのでしょうか？

ここでアポ取りの電話をしている営業マンと、それを受けたお客さまとの会話を見てみます。とくにお客さまの心理状態の変化に注目してみてください。

営業：「はじめまして、私、大和商会の渡瀬と申します」
お客さま：「はい。お世話になります」**（顧客心理：「お客さんかな？　営業かな？」）**
営業：「本日は、御社の経費削減のためのご提案でお電話させていただいております」
お客さま：「あ、はい……」**（顧客心理：「営業かも？」）**
営業：「恐れ入りますが、社長さまいらっしゃいますでしょうか？」
お客さま：「どういうご用件でしょうか？」**（顧客心理：「営業だ。どうやって断ろうか？」）**

営業：「在庫管理を一元化するシステムのご案内です」
お客さま：「あ、そうですか。社長はただいま留守にしております」**（顧客心理：「こんな電話は社長に回せるわけないよ」）**
営業：「そうですか。それでは総務担当の方はいらっしゃいますか？」
お客さま：「その者もおりません」**（顧客心理：「しつこいなあ」）**
営業：「わかりました。またかけ直します」
お客さま：「……」（ガチャン）**（顧客心理：「もうこんな電話ばかりでウンザリ」）**

いかがでしょうか？　こんな感じのやりとりを経験したことはありませんか？

もしかしたら営業側とお客さま側の両方を経験している人もいるかもしれませんね。

このやりとりをよく見てみると、お客さまは営業の電話だと感じた時点で、すぐに**「断るモード」**にスイッチが入っています。そこで態度がガラリと変わるのです。

私はそこに注目しました。

「少しでも営業の電話だと思われたらダメなんだ。だとしたら、どうすればいいのか？」

じつは、その答えはすでに第１章で述べています。

アポ取りというのは見込み客を見つける**「マーケティング」**の段階でした。つまり、まだ営業をする段階ではないのです。

「そうか！　アポ取りでは営業をしてはいけないんだ！」

そう気づいた私は、自分のトークのどこに営業的ニュアンスが入っているかを徹底的に調べました。電話をしている自分の声を録音してみたのです。すると、自分では意識していないでしゃべっているセリフが営業的だったことに気づきました。

たとえば、「恐れ入ります」「お忙しいところ」などは営業的なセリフでした。また、「はじめまして」など当たり前のように使っている言葉も、聞く側にとっては営業的だと思われることもわかりました。これをいったとたんにお客さまの態度が変わるからです。

さらにはセリフ以外でも、「明るい」「ハキハキしている」「抑揚がある」なども営業的だと判断される要素だということが見えたのです。

これらのセリフや態度が出たとたんに、お客さまから警戒されてしまう――。

つまり、「明るく元気な」電話というのは、テレアポでは不向きだということなのです。

電話で長くしゃべるのは自分もお客さまも苦痛だった！

さらにもう１つ、テレアポがなかなかうまくいかない原因を見つけました。

それは、「どうしても電話口で長く説明しなければならない」という点です。

アポを取るには、まず商品に興味をもってもらう必要があるので、商品説明が欠かせません。さらに、ある程度信用してもらうには、こちらがどんな会社かという説明も不可欠です。

しかし、それらを話している途中で、電話を切られるケースがとても多いのです。

「……ちょっといま手が離せないから、もうけっこうです」

「……ああ、もうウチはいらないから、他をあたってよ」

こちらが長々と説明をし始めると、ほとんどの場合、話の途中でこのように電話を切られます。

明らかに「長い話は聞きたくない」という感じで断られるのです。

たしかに逆の立場になってみると、

「知らない人からいきなり電話がかかってきて、長々としゃべられたら聞いていられない」

というのはもっともなことでした。

これも大きな課題です。

多くをしゃべらずに、こちらの情報を伝えるにはどうすればいいのか?

この「冷たく断られない」ことと「長くしゃべらない」ことは、私自身の性格上の問題からいっても必要なことでした。

そして、それらの課題をクリアすることを前提に考えたのが「ＴＦＴアポ取り法」なのです。

「ＴＦＴアポ取り法」は３つのパートに分かれている

内向型人間にとって、まさに福音となる「ＴＦＴアポ取り法」。
あなたは、次のように思われたかもしれませんね。
「ＴＦＴって何の略なの？」
実際、こういう質問をよくされます。
そこでまずは、全体の構成をお話しすることにしましょう。
「ＴＦＴアポ取り法」は次の３つのパートで構成されています。

PART① TEL――ニーズの確認／資料送付の許可／担当者名を聞く
PART② FAX――資料送付／事前に業務内容を伝える
PART③ TEL――担当者にニーズの確認／アポを取る

詳しい内容はこの後でお話しますが、基本的な流れは、**「TEL→FAX→TEL」**というものです。つまり、TFTとは、それぞれの頭文字を取った略称なのです。

それらの概要は次のとおりです。

PART① TEL――ニーズの確認／資料送付の許可／担当者名を聞く

最初の電話では、受付に対して「ニーズの確認」をします。

ここはあくまでも確認をすることが目的で、営業をする場面ではありません。売り込みのトークはいっさい不要です。逆に売り込み色が少しでも出てしまうと、すぐに相手に拒絶されるので、むしろ淡々とした口調で事務的に話すことがポイントです。

ニーズが確認できたら、資料を送ることへの許可をもらいます。

資料送付の許可をもらったら、「担当者名」を確認します。つまり、「今回アポイントを取りたい人」ということになります。

PART② FAX――資料送付／事前に業務内容を伝える

担当者名を明記してFAXを送ります。

ステップ1 「TFTアポ取り法」の全体図

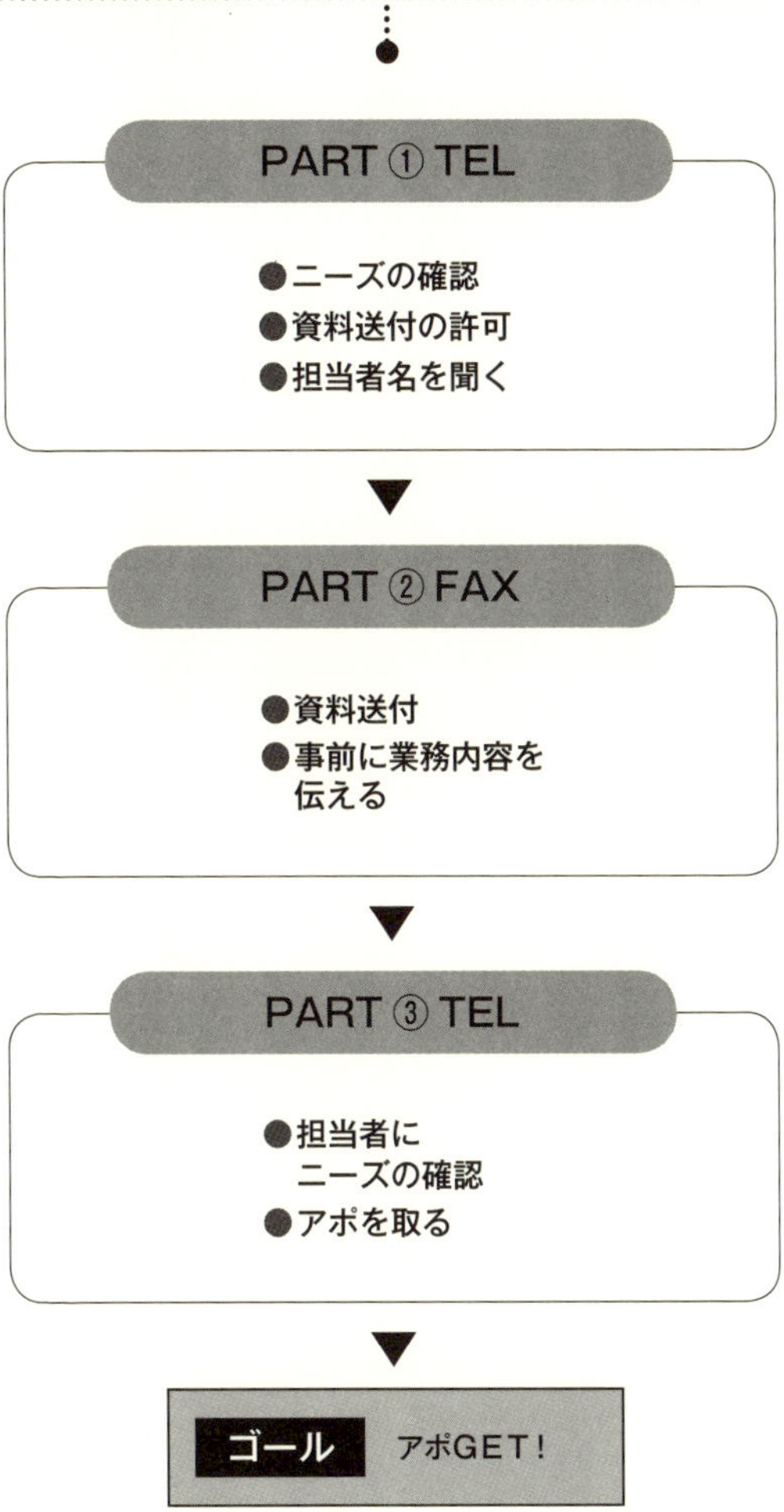

これでその人の手元には、ほぼ確実に資料が届くことになります。と同時に、あらかじめ「こちらの情報（事業内容・商品内容など）」を相手に知っておいてもらうことができる、というわけです。

PART③ TEL——担当者にニーズの確認／アポを取る

担当者宛に電話をします。

ＦＡＸが手元に届いていることを確認して、ここでも「ニーズの確認」をします。相手が興味をもてば、**「アポイント」**が成立します。

これが一連の流れです。

「これだけで本当にアポが取れるの？」

と思われる方もいるでしょう。

そこで、次からは私が実際に行った例を見ながら、それぞれの段階を解説していきます。なぜストレスがなくなるのか、そしてなぜしゃべらずにアポが取れるのかということについての理由が明らかになることでしょう。

じつに簡単！「担当者名」はこう聞き出そう

まずは、「PART① TEL」から見ていくことにしましょう。

ここで、あらためて66ページをご覧ください。

このテレアポの例では、受付に対して「担当者に代わってもらう」お願いをしていますよね。「社長さまいらっしゃいますでしょうか？」というヤツです。

ところが、その作業がなかなか困難で、素直に代わってもらえるケースはほとんどありません。これは経験したことのある人なら痛いほどわかりますよね。

営業の電話のほとんどがこの受付の段階でシャットアウトされてしまいます。

そこでまず必要なのが、アポを取りたいと思っている人の**「名前」**を知ることです。

「総務部長の加藤さまをお願いします」などのように、話をしたい相手の名前をいえば、たいていの場合、電話をつないでくれます。

したがって、ここでは**「担当者名を聞く」**ということのみに集中します。

ここで次ページの図をご覧ください。

これは実際に私が行った現物のトークフローです。

デザイン制作会社をやっていたときのもので、ターゲットは医学系出版社に絞りました。その理由としては、過去の実績のなかで医学系の仕事が若干多かったのと、会社の近くに医学系出版社が多かったからです。

その際のポイントは、以下のようになります。

●口調はあくまで淡々と

とくに「明るく元気な」営業口調にならないように気をつけます。むしろぎこちないしゃべり方のほうが効果的です。

●「ちょっとおうかがいしますが」というフレーズを使う

じつは、これが「営業ではない」ことを告げる合図になっています。実際にニーズがあるかどうかを問い合わせているので、受け手も自然に応対してくれます。

●相手の答えが「NO」の場合

今後も必要としていないかだけを確認して、それでも「NO」ならそれ以上は追いませ

「PART ①TEL」のトークフロー

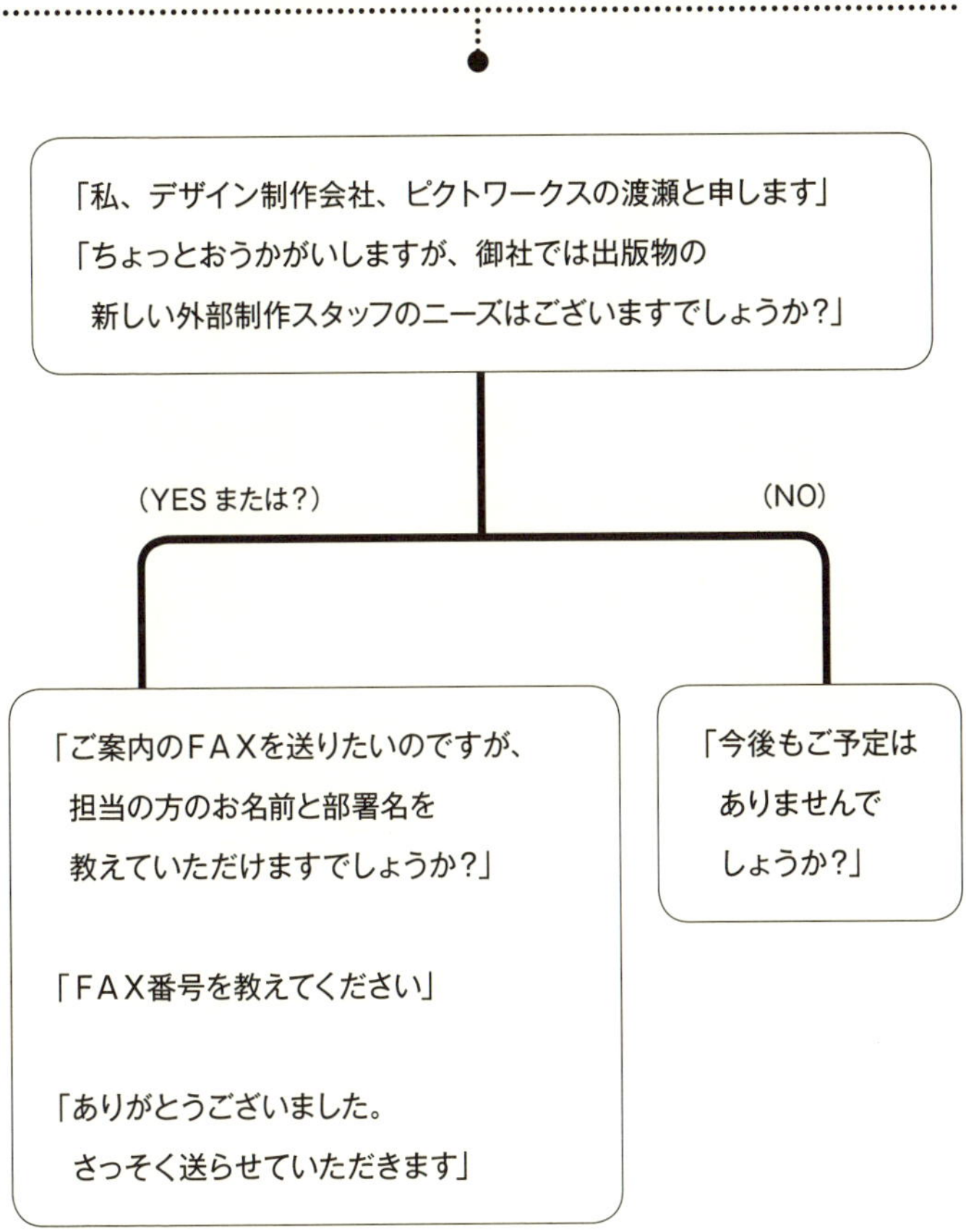
「私、デザイン制作会社、ピクトワークスの渡瀬と申します」
「ちょっとおうかがいしますが、御社では出版物の新しい外部制作スタッフのニーズはございますでしょうか？」
（YES または？）
（NO）
「ご案内のＦＡＸを送りたいのですが、担当の方のお名前と部署名を教えていただけますでしょうか？」

「ＦＡＸ番号を教えてください」

「ありがとうございました。さっそく送らせていただきます」

「今後もご予定はありませんでしょうか？」

ん。ここで食い下がっても、アポが取れる可能性は低いので時間のムダと判断します。アポ取りは電話を切らせないで長々としゃべることが目的ではありませんからね。

●相手の答えが「YES」もしくは「?」の場合

ＦＡＸを送りたいことを告げ、「担当者名」を聞きます。

もちろん、そのまま「担当者名を教えてください」といっても、普通は教えてくれないでしょう。そこで私の場合は、「ご案内のＦＡＸを送りたいのですが」という、いわば口実を使っていました。全部が全部うまくいったわけではありませんが、案外簡単に教えてくれるものです。

また、ＦＡＸを送るというのは、先方としても「ＦＡＸくらいならそれほど迷惑ではない」という判断から、電話を回してもらうことに比べてかなりガードが下がります。

以上のことを行ったら、後は電話を切るだけ。それで「ＰＡＲＴ① ＴＥＬ」は終わりです。

いかがでしょうか?

ここまでは簡単ですよね。

営業的なトークや説得しようとするトークをいっさい使わず、すべて「必要か？　そうではないか？」の確認作業に終始している点にご注目ください。

これによって、受け手は「営業の電話ではない」と受け取って、冷静に応対してくれます。

さらに電話をかけるあなたも、確認作業だけなので気楽に話ができます。何より、たとえ「必要がない」といわれても、冷たく断られること自体がなくなるのは、とくに内向型の人にとっては大きなプラスポイントだと思います。

もし、ここで冷たく断られるようでしたら、それは、あなたのセリフや話し方のどこかに営業的ニュアンスが含まれているからです。

もう一度、相手の立場になって見直してみてください。

担当者名を聞いてＦＡＸ送信のＯＫが出たら、「ＰＡＲＴ②ＦＡＸ」に進みます。

ツールを使えば、説明の手間がグンと省ける！

それでは、「PART②FAX」に進みます。

電話だけでアポを取るのはハードルが高すぎると判断した私は、資料（**「案内レター」**と呼んでいます）を用意するようにしました。これによって、商品や会社概要を長々と説明する手間を省くわけです。かつてリクルートのときに受付に配っていたチラシが大きなヒントになっています。

もちろん、事前に作成することになるので、そのための手間はかかります。でも、一度つくれば後はずっと使えますし、それまでだったら延々としゃべらなければならなかった内容を省略することができるのは、何ものにも代えがたいメリットです。

何より、こちらがしゃべっている途中で電話を切られることもなくなるので、とても気がラクになります。

次ページをご覧ください。

「PART ② FAX（案内レター）」の実例

御中

医学書専門
DTP制作

書籍・雑誌のデザイン制作は
おまかせください。

DTP経験10年以上の実績。

DTP創世記の頃から10年以上の経験で、多くの知識と技術を習得しています。

地域に根ざしたサービス。（文京区、千代田区中心）

拠点は文京区本郷。急なトラブルにもすばやく対応することが可能です。

専属DTPデザイナー5名＋外部ネットワーク体制。

複数人体制＋外部スタッフのネットワークも充実しているので、大量のご注文にも対応できます。

医学関連書籍、雑誌制作の経験豊富。

医学専門の漢字（フォント）なども多数ストック。経験豊富なスタッフが揃っています。

事 業 内 容

○DTP事業
雑誌、書籍等の装丁、ページデザイン及びレイアウト／広告、パンフレット、ポスター等のデザイン制作／出版物の企画編集／左記全般に付随する印刷一式
○Web事業
ホームページに関するすべての企画制作
○マルチメディア事業
CD-ROM教材等の企画制作／学会発表用のスライド及びデータ制作（PowerPointなど）

お問い合せは右記までお気軽に！

有限会社ピクトワークス 担当／渡瀬・高杉
〒113-0033 東京都文京区本郷 0000-0000 TEL 03-0000-0000 FAX 03-0000-0000
URL http://www.pictworks.com MAIL info@pictworks.com

これは実際に私が使った「案内レター」の現物です。

原寸はA4版。連絡先などはここでは伏せていますが、実際に使うときはもちろん記載します。

ちなみにこの「案内レター」には、送付状はあえて付けません。上部の宛先の部署と担当者名を記入して、このまま送ってしまいます。そのほうが、担当者のデスクに置かれたときに内容が即座に伝わるからです。

また、「案内レター」のポイントは、**「売り込み文句をいっさい使わない」**ところです。トークと同様に、「営業ではない」ということを意識して作成します。客観的な事実やデータのみを簡潔にまとめましょう。

「PART② FAX」はこれを送るだけで終わりです。

さあ、これで準備は整いました。次はいよいよ担当者当人への電話です。

緊張しますか?

でも、ご安心ください。

「PART③ TEL」を見たほとんどの人が「本当にこれだけでいいの?」と驚きます。

それほど簡単でシンプルな構造になっているのです。

このやり方なら、ムリに説得しなくても自然にアポが取れる！

さて、いよいよ「PART③ TEL」です。

ここまで準備してきたことは、すべてこのためにあります。ここで担当者に直接電話をすることになりますが、そんなに気合を入れなくても大丈夫です。

そもそも内向型人間である私が自分でやるための方法だったので、気合を入れなければならないシーンなど1つもありません。その点はご安心ください。

まず、FAXを送ってから相手の手元に届いた頃を見計らって電話をします。

そこですることは85ページの図のとおりです。

いかがですか？

本当にたったのこれだけです。

「PART① TEL」のトークとほとんど同じだということにお気づきでしょうか？

事前にFAXで情報を送ることで、ここまでトークを縮めることができるのです。とくに（私も含めてですが）トークに自信のない人には最適な手法だと思っています。

では、順番に見ていきましょう。

まず、受付に対して担当者名を告げて電話を代わってもらいます。

そして担当者が出たら、**「FAXを見たかどうか？」**の確認をします。

FAXを見た（つまり「YES」）ことが確認できた場合、注目してほしいのは、**「ご覧のような」**と**「このような」**の部分です。

従来は電話だけで長々としていた説明を、この一言で伝えています。

わざわざFAXを送る手間は、これで充分に解消されるというわけです。

ちなみに、これを一般のテレアポのように電話だけで伝えようとすると、どうなるでしょう？

「弊社は医学書専門で書籍や雑誌のデザイン制作を行っています。DTPの経験は10年以上あるので技術的には問題ありません。また、御社の近くの文京区本郷にオフィスを構え

「PART ③ TEL」のトークフロー

受付宛：「ピクトワークスの渡瀬と申します。○○さんお願いします」

担当者宛：「先ほど○○さま宛にＦＡＸを送らせていただきました
ピクトワークスの渡瀬ですが、ご覧いただけましたでしょうか？」

(YES)

「ありがとうございます。
ご覧のような仕事を
している者ですが、
御社では、このような
外部制作スタッフの
ニーズは
ございますでしょうか？」

(NO)

「文京区本郷で
デザイン制作をしている、
ピクトワークスの渡瀬と申します。
御社では、
出版物の新しい
外部制作スタッフのニーズは
ございますでしょうか？」

(YES)

「一度サンプルをもって
おうかがいしたいのですが、
よろしいでしょうか？」

(YES)

アポ取り完了！

(NO)

「今後もそういったご予定は
ありませんか？」

ていますので、急なトラブルなどにも素早い対応ができます。スタッフはデザイナーが5名と外部協力スタッフも多数おりますので、大量なご注文にも対応が可能です……」

という具合に、まだまだ言い足りない感じでダラダラと説明が続くことになります。どちらがラクで伝わりやすいかはもうわかりますよね。

では、今度は相手がＦＡＸを見ていない（「ＮＯ」）と答えた場合はどうでしょう？

仮にここで相手が「ＮＯ」と答えたとしても、あわてることはありません。たいていの場合、そのＦＡＸが手元にあるはずなので、電話をしながら見てもらうことができます。そのうえで、ニーズがあるかないかを確認して次に進めばいいのです。

ただし、ここで1つ注意点があります。

それは、相手の反応がよかった場合、とくに相手から質問があったような場合に、つい**「営業的アピール」**をしたくなってしまうということです。

資料を送っているということは、事前に相手に情報を与えているということです。したがって、それを見て興味を示した人は、逆にこちらに質問を投げかけてくる場合も少なくありません。

しかし、ここで調子に乗って「営業的アピール」をし始めると、どうなるでしょう？

とたんに相手の対応が冷たくなってしまうのです。

そうならないためにも、相手の質問には最低限の解答ですませましょう。売り込みをするのは、実際に会ってからでいいのです。

少し話がそれてしまいましたが、このようなプロセスを踏んだうえで、あなたがニーズの確認をしたときに相手が「ＹＥＳ」と答えたとしましょう。

こうなると、もうアポは取れたも同然！

しかも、かなり期待度の高いアポになるということは想像できますよね。

以上で、めでたくアポ取り完了です。

いかがでしょうか？

「でも、何度も電話をしたりＦＡＸを送るなど面倒だな」

「１本の電話だけで最後までアポを取るほうがいいや」

「『案内レター』をつくるのが難しそうでイヤだ」

そう思う方もいるかもしれませんね。

そんな方に私はムリにはオススメしません。従来どおりの方法でやっていただければと思います。

私が紹介したのは1つの手法にすぎないので、これを使うかどうかはあなたの自由です。

でも、もしあなたがいま、アポ取りで悩んでいるのなら、一度やってみることをオススメします。

これを開発した私自身がそうだったのですが、想像していたのと実際にやってみたのとでは大きなギャップがありました。

はじめは多少ビビリながら電話をしたのですが、想像以上の相手の対応のよさに、あらためてビックリしてしまったほどです。それを一度体感してから続けるかどうかを判断しても遅くはないでしょう。

この「TFTアポ取り法」はとてもシンプルなので、トークの練習をする必要がありません。紙に書いた言葉どおりに読み上げればいいのです。むしろ流暢《りゅうちょう》に話すよりもタドタドしい口調のほうが、営業っぽさを消せるので効果が高くなります。

ストレスがかからずに口べタでもできる「TFTアポ取り法」で、商談の場をどんどん増やしていきましょう。

イヤがられないアプローチだから内向型の人でも怖くない！

最後に「ＴＦＴアポ取り法」の大きなメリットをあげておきます。

【メリット①】ストレスがかからない

「ＴＦＴアポ取り法」は、相手に「弊社の商品を必要としているか？」など、常に確認、もしくは選択してもらうしくみになっています。

それによって先方には売り込みではないと思わせることができ、警戒心を解くことができるうえに、そもそも「営業の電話ではない」ので、こちらも変な負い目を感じずにストレスなく電話ができます。

【メリット②】お願いする必要がない

営業の電話のように、こちらの意向ばかりをまくしたてるのではなく、常に段階を追って相手に確認しながら進めるのが「TFTアポ取り法」の特徴です。選択肢だけを用意しておいて、後は相手に決めてもらうというスタイルなので、お互いによけいなプレッシャーを感じることがありません。

【メリット③】会ったときの反応がいい

「こちらはこんな会社ですが、必要がなければそれでかまいません」というのが一貫したスタイルです。したがって、アポもムリやり取るのではなく、「必要があればうかがいます」という感じになります。強引にアポを取って行ったとしても、お互いにニーズがかみ合わなければ時間のムダですからね。

実際、アポを取っていざ会った際には、ほとんど商談に近い状態になります。

【メリット④】時間的にも心理的にもムリがない

従来の電話だけでのアポ取りは、担当者をつかまえて、商品説明をして、説得して、アポを取って……など、次々と高くなるハードルを一気に乗り越えていく必要があります。

仮に担当者までつながったとしても、説明をくどくどとしているうちに断られてしまったら何の意味もありません。

その点、「ＴＦＴアポ取り法」は、段階を踏んでアプローチしていきますので、時間的にも心理的にもお互いにムリのない交渉ができます。

［メリット⑤］ドタキャンの危険性が低い

たとえば、半ば強引にアポを取ったとします。しかし、先方が軽い気持ちで受けていたら、そのアポの約束を忘れてしまったり、実際に会っても全然話にならなかったりすることも多いでしょう。

この手法では、こちらの情報をあらかじめ送ることにより、ビジネスとして信頼度の高いアポが取れるので、いきなりのキャンセルも極度に少なくなります。

いかがでしたでしょうか？

「冷たく断られるのが耐えられない」

「電話で一方的に話ができない」

という内向型にピッタリのアポ取り方法ですよね。

ぜひ一度試してみてください。

ただし、アポを取っただけでは売上げは上がりません。

そこで次章以降では、せっかく取ったアポを確実に売上げにつなげるための方法を解説していきます。もちろん、超内向型の私が実際に結果を出してきたものばかりなので、あなたにも簡単にできるはずです。

まずは**「『初訪問』をしたときにどうすればいいか?」**について詳しく見ていくことにしましょう。

なお、この章でお話しした「TFTアポ取り法」は基本のみを解説しています。より詳しく知りたいという方は、拙著『アポ取りの達人(法人営業編)』(ぱる出版)をご覧いただければと思います。

第3章

なぜお客さまの「心のガード」が自然に下がる！

ステップ2【訪問】

緊張の初対面。場の空気をどう和ませるか？

さて、前章はいかがでしたか？　アポが取れるイメージはできましたか？

お客さまとのアポが取れたら、いよいよ次は**「訪問」**する段階に入ります。

普通の営業マンなら、「新規商談の約束が取れた」といって喜ぶ場面かもしれません。ところが内向型営業マンは、ここからがさらなる試練の始まりです。仕事とはいえ、初めての人に会いにいくというのは、大変緊張しますし、憂鬱にもなりますよね。

私もこんな調子でした。

私：「リクルートの渡瀬謙と申します。よろしくお願いします」

お客さま：「よろしくお願いします」

とお互いに名刺交換をして、席に座ります。

私：「…………」（何か話さなきゃ。でも、何も出てこない）

お客さま：「…………」

変な間の後、黙ってカバンから資料を取り出して、

私：「………えーと、これがパンフレットなんですが……」

お客さま：「…………」

私：「商品の特徴としましては、まず………、次に………」

お客さま：「…………」

私が説明すればするほど気まずい空気が部屋中に充満していくのです。お客さまも腕組みをしたまま、何もいいません。もう緊張度はマックス状態です。

そして最後は、

「わかりました。検討しておきます」とお客さま。

「何かありましたら、よろしくお願いします」と終わってホッとしている私。

最後までお互いに硬い表情のまま別れて、その後の進展もなく永遠にサヨナラでした。

何とか商品説明だけをして、後は逃げるように帰ってくる――。

そんな営業では売れるはずがありませんでした。

「どうしたらもっと話が弾むようになるんだろう？　いや弾まないまでも、せめてもう少し和やかな雰囲気にならないものだろうか？」

最初から空気が重いと、その先の商談までうまく進めないのはわかっていました。

「まずここをクリアしなければ、何も始まらない」

でも、それは内気な私が最も苦手としていることでした。

さて、この章では、そんな内向型ならではの問題を解決するためにステップ2、すなわち「訪問」を解説します。

次ページの図をご覧いただければわかるように、このステップでの目的は、**「お互いの緊張を解いてリラックスする」**ことにあります。

そうすることで、次のステップでの「ヒアリング」がスムーズに進むからです。

もちろん、私ができる範囲のことですから、ギャグをいって笑いを取れとか、おちゃらけて場を和ませろ、などといったムチャなことはいいませんのでご安心を。もっと簡単で確実な方法です。

これを知っておくだけで、もう初対面のお客さままでも怖くなくなりますので、期待して読み進めていってください。

ステップ２ ［訪問］の全体図

訪問前の準備が決め手

- お客さまのホームページをチェック
- お客さまの所在地の周辺情報をチェック

▼

訪問後のあいさつ

- 名刺交換のポイント
- 座り方のポイント
- お客さまにしゃべってもらう話題のポイント

▼

まず最初に伝えておくこと

- 訪問目的
- 商品概要
- 会社概要

（お客さまの警戒心を下げる行動）

▼

ゴール お互いの緊張を解いてリラックスする

内向型営業マンには「キドニタテカケシ衣食住」はムリ！

場を和ませるための手法として、よく営業の本などに**「初対面のときは、まず雑談から始めなさい」**と書いてあります。これは私も賛成です。

さらに雑談のネタとして**「キドニタテカケシ衣食住」**を使いなさいとも、多くの本でいっています。

この意味は「季節（気温）・道楽・ニュース・旅・テレビ・家族・健康・趣味・衣食住」のことで、これらの話題から始めると場が和むというものです。営業の定石みたいなものですね。

ところがこの話題、私にはうまく使えませんでした。

私：「今日はいい天気ですねぇ」
お客さま：「そうですね」

私：「………」

（気を取り直して）

私：「趣味は何ですか？」

お客さま：「とくにありません」

私：「………」

こんな感じで、まったく話が弾まないのです。

あなたにもそんな経験はありませんか？

次の言葉が出ないということが……。

そうなると、もう話はプッツリと切れてしまい、また気まずい空気が流れ始めます。

普通の営業マンならそんなとき、アドリブで話をつないでいけるのでしょうが、私はその場のアドリブが大の苦手でした。そうなるとよけいに焦ってしまって、ただオロオロして顔面から汗がどっと流れてしまう、ということになります。

このように営業で一般的にいわれていることをそのまま使おうとしても、内向型営業マンには当てはまらないことが多いのです。

そこで私は考えました。

「もっと勝手に話がふくらむような話題はないものだろうか？　そして、できればお客さまがたくさんしゃべってくれるようにならないものか？」と。

そうしていろいろ試しながら、最終的に次の3つに絞って実行すればいいという結論に達しました。

これが内向型の私にはピッタリだったのです。

では、それは何か？

①お客さまのホームページからネタを探して話題にする
②お客さまの所在地の周辺情報を話題にする
③名刺交換のときに、あることを話題にする

このうちのどれか1つを使えばいいのです。

すると、ありがたいことにお客さまはどんどんしゃべってくれるようになるのです。

そう、こちらがムリに話をしなくてもすむのです。

さっそく、詳しく見ていくことにしましょう。

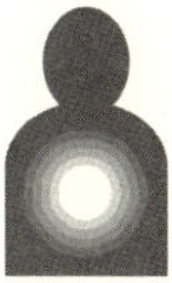

【内向型にピッタリの話題①】
お客さまのホームページ

まずは**「お客さまのホームページからネタを探して話題にする」**についてお話しします。

初めてのお客さまのところへ会いに行くときに、事前に先方の**「ホームページ（HP）」**を見るというのは、もはや営業マンの常識です。いまでは個人でもブログなどをやっていることが多いので、それもチェックしているかもしれませんね。

何も調べないでいきなり、

「さっそくですが、御社の事業内容を教えてください」

などと切り出したら、

「…………（怒）」（コイツは何も調べてきていないんだな！）

と、たちまちダメ営業のレッテルを貼られてしまうでしょう。

では、HPのどこを見ればよいのでしょうか？

すべてに目を通すのが理想ですが、ページ数が大量にある場合は大変ですよね。それに、ただ漠然と眺めていただけでは何の意味もありません。かといってＨＰの内容を全部暗記しろなどとはもちろんいいませんのでご安心を。

ＨＰを見るときのポイントはたったの１つ。

最初の話題になりそうなものを探す——。

ただそれだけです。

「こちらはずいぶん歴史のある会社なんですね」

「創業は横浜だったんですね。私も横浜出身なんです」

「社長ブログ、面白いですね。ついつい読み込んでしまいました（笑）」などなど。

とくに話題になりそうなものがなくても、

「かなりつくり込んでいるＨＰですね」

「ＨＰを拝見しましたが、デザインがカッコいいですね」

などでもいいでしょう。

お客さまのＨＰを眺めて、これだという話題が見つかったらそれで終了。

何もすべてに目を通す必要はありません。

事業内容や略歴などのデータ的ページは、そのままプリントアウトして持参すればいいのです。

それを商談のときに黙ってテーブルの上に置いておくだけでも、「お、ちゃんとウチのことを調べてきているな」と思ってもらえるし、決して失礼にはなりません。

ということで、１つめのポイントは、お客さまのＨＰから話題を探す、ということです。

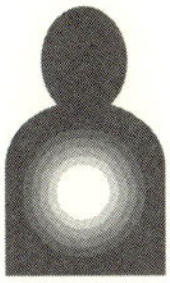

【内向型にピッタリの話題②】
お客さまの所在地の周辺情報

２つめは、**「お客さまの所在地の周辺情報を話題にする」**というものです。

これは別に難しいことではありません。

少し早めに出かけていくだけで、だれでも簡単にできることです。しかも、これを意識してやっている人はほとんどいないので、使えば効果バツグンなことは間違いありません。

以前、私がお客さまとの打ち合わせのために先方に行く道の途中で、妙に行列をつくっている店を発見しました。

そこはたい焼き屋さんでした。

お客さまに会って最初に私は、

「ここに来る途中で、人がたくさん並んでいるたい焼き屋さんを見つけたんですけど、ご存知ですか？」

と質問したところ、

「ああ、あそこね。けっこう有名なんです」

「皮がカリッとしていて、うまいですよ」

「いつも並んでいて、なかなか買えないんですけどね」

などとお客さまは勝手に話し始めました。

このように簡単に打ち解けることができて、その後の商談もスムーズに運んだのです。

実際、このようなネタは、探せばいろいろと出てきます。

たとえば、**「先方の最寄り駅」**に着いたら、まずはそこを見渡しましょう。

「駅前にずいぶん立派な銅像が立っていますね」

「にぎやかな駅ですね」

「私の会社から30分で着きました。意外と近いですね」


さらに**「駅から歩く道」**も、できるだけゆっくりと観察します。

「こちらは駅から近くていいですね」

「途中の商店街には面白そうな店がたくさんありますね」

「角のラーメン屋さんにずいぶん人が並んでいましたが、有名なんですか？」


もう1つ、**「先方に到着してから」**も要チェックです。

「こちらの建物はけっこう新しいみたいですね」

「入り口のロビーが広くていいですね」

「こちらの社員のみなさんは、若い人が多いですね」

いかがでしょうか？

これならすぐにできますよね。

このように先方に行く途中でも、意識して観察すれば、話題となるネタはたくさん出てきます。そしてネタを振った後はお客さまが勝手にしゃべってくれます。

また、周辺をチェックすることには、もう1つの効果があります。

それは、先方に「この人はなかなか観察力があるな！」と思わせることができる、すなわち**「細かいことにもよく気がつく営業マン」**という印象をもってもらえる、ということです。

これは大きなポイントです。

お客さまはあなたの商品だけでなく、営業マンであるあなた自身のことも知りたいと思っています。

お客さまにしてみれば、「これからビジネスのつき合いをしていくうえで、ちゃんと行き届いた対応をしてくれるかどうか？」というのは、とても気になるところなのです。

そのためにも、お客さまの所在地の周辺情報を話題にすることを心がけましょう。

【内向型にピッタリの話題③】
お客さまの名刺

3つめは、**「名刺交換のときに、あることを話題にする」**というものです。
初対面のお客さまとまずやることといえば名刺交換です。
その名刺交換のときに、私が必ず実行していることがあります。

それは、お客さまの名刺に書いてある名前を読み上げること——。

たったそれだけ。でも、それをやることには大きな意味があるのです。

(1) フルネームを読み上げることによって、正しい呼び方の確認ができる
これは案外重要なことです。
たとえば、苗字が「竹田」さんの名刺をもらったときに読み方が「ちくだ」さんだったたり、「神谷」さんの読み方が「かみたに」さんだったりしたことが実際にありました。

通常の読み方をしないケースもあるので、最初にしっかりと確認することが大切です。

(2) お客さまの名前を1回呼ぶことで、お互いの親近感が高まる

名前というのはその人だけのものです。その意味では、「究極の個性」ともいえます。名前を呼ばれると、呼んだ相手に対して無意識に気持ちが向いていくものです。そう、お客さまの注意をひきつける効果があるのです。

(3) 読めない名前自体が話題のネタになる

私はお客さまの名刺を見て、ちょっとでも読みにくかったり、珍しい漢字を使っていたりすると、心のなかで「やった！」と叫びます。

「これ、難しい漢字ですね。何と読むんですか？」

「珍しい漢字ですね。初めて見ました」

などと絶好のネタになるからです。

とくに読みにくい名前の人は、いつも聞かれているので、逆にその質問を待っていたり

します。そこへタイミングよく話題にすれば、スムーズに会話ができることでしょう。

怖いのは、読みにくい名前をそのまま無視してしまうことです。相手は「あれ？」と肩透かし状態になり、「ちゃんと名刺を見ていないな」と思ってしまう危険性があるので要注意です。

いかがでしょう？

お客さまの名刺を話題のネタとして使う――。

意外なほど大きな効果があるので、ぜひ参考にしてみてください。

３つの話題には、お客さまが思わずしゃべりだす理由があった！

以上で、初対面のお客さまと会うときの話題についての説明はすべてしたことになります。

これらの３つを意識しておけば、最初の話題に困ることはありません。

しかも、このうちのどれか1つだけを使えばＯＫ（もちろん、3つとも使ってもかまいません）。

ちなみに使うタイミングとしては、**「会ってすぐ」**の場合と、**「名刺交換後の席に座る前後」**が効果的です。それだけで、緊張しがちの人やあがり症の人でも、リラックスして商談に臨むことができます。

さて、ここであなたに質問です。

じつは、この3つの話題には、ある共通点があるのですが、それが何かお気づきでしょうか？

その答えは、すべて「お客さまに関する話題」だということです。

お客さまのＨＰ情報、お客さまの最寄駅や先方までの道のり、建物の雰囲気、そしてお客さまの名前など、すべて「お客さまに関する話題」ですよね。

なぜお客さまの話題がいいかというと、そのほうがよくしゃべってくれるからです。

人間だれしも自分に関する話題は話しやすいもの。つまり、お客さまにとって身近な話題であればあるほど、よくしゃべってくれるというわけです。そう考えると、天気の話などが盛り上がりにくい理由もわかりますよね。

お客さまに関する話題さえ振っておけば、こちらはその話に感心したり相づちを打つだけでOK。しゃべりが苦手な人でも充分会話になります。

しかも、人は話せば話すほどリラックスして打ち解けた気分になるもの。

お客さまにたくさんしゃべらせることができるこの話題は、自分だけでなくお客さまの気分も和らげる効果があるのです。場を和ませるには最適だといえるでしょう。

いかがでしょうか？

どれも簡単で、難しいトークもいりませんよね。

私はいつもこれらを用意してお客さまのところへ行くことで、その場でオロオロと話題を探すということがなくなりました。「何か話さなきゃ」というプレッシャーも消えました。

すると、とても気持ちが落ち着いて、リラックスできたのです。

繰り返しになりますが、あがり症の人には、とくにオススメです。

ぜひ使ってみてください。

目を見て話せなければ、正面に座らなければいい

さて、ここまでで名刺交換が終わりました。

次はどうしましょう?

そうです。イスに座りますよね。

そのときに内向型の人が気をつけたほうがいいのは**「座る位置」**です。

名刺交換が終わると、たいていはテーブルについて話をすることになります。

応接室などでは座る位置が決まっているので、どうしてもお客さまの正面に座るケースが多くなるでしょう。

普通の営業マンならそれで何の問題もありませんが、相手の目を見て話すのが不得意な人にとっては大問題です。正面に座ってしまうと、どうしても目をそらしてしまいがちになるからです。

するとお客さまには、「何だか自信がなさそうな営業マンだな」と映ってしまいます。

そうなると、せっかく和んでいた場の空気が再び重くなり始めます。それまでの苦労が水の泡、というわけです。

では、どうすればいいのでしょう？

私はそれを避けるために、**「できるだけお客さまの真正面に座らない」**ように工夫していました。

たとえば４人がけの円テーブルでは、**「お客さまの隣の席」**を選びます。そうすれば、ときどきしかお客さまの目を見ないで話をしていても不自然ではないからです。

また、その際には、できるだけ**「お客さまの左隣」**に座るようにしましょう。

その理由は左右の脳に関係しているのですが、一般的に人の視野は左眼のほうが広いといわれています。それはイメージや空間を認識する右脳と連携していることの影響です。

そのために、お客さまとしては営業マンに左隣に座ってもらったほうが安心できるのです。お客さまをリラックスさせたほうが、こちらとしても話がしやすいですからね。

もちろん、席の配置でどうしても正面に座らなければならない場合もあります。ビジネスの場では、こちらのほうが圧倒的に多いことでしょう。

でも、ご安心ください。

そのようなときにも対処法があります。

まず、応接セットの場合。

こちらから訪問したときは、たとえ営業で行ったとしても来客側の席に座るのがマナーです。

応接セットでは、3人がけの長イスが通常は上座になります。先方は2脚並んだ1人がけのイスのどちらかに座ります。したがって、あなたは3人がけの長イスの真ん中に座ることで、相手の正面を避けることができます。多少でも相手との角度があれば、格段に気持ちがラクになること請け合いです。

難しいのは、テーブルを挟んで座る場合です。

イスはそれぞれ正面に来るように配置されていることがほとんどなので、そのまま座ると、どうしても相手の真正面になってしまいます。

では、どうすればいいのか?

そんなときにもオススメの座り方があります。

自分のイスの位置を**「わざと左右どちらかにずらす」**のです。実際にやってみると、少しの移動でかなり目線が違ってくることがおわかりいただけると思います。

たかが座る位置、されど座る位置——。

細かなことに思われるかもしれませんが、これをふだんから心がけていると、自然にくつろいだ雰囲気をつくることができるようになります。

お客さまの目を見ることが苦手なら、それを事前に回避する工夫も必要なことなのです。

営業マンに会う前のお客さまはこんな不安を抱えている

さあ、ここまでで最初の話題、名刺交換、着席まですませました。

お互いの緊張も解けつつあります。

では、あなたなら次はどうしますか?

じつは、この瞬間というのは、内向型営業マンが一番緊張する場面なのです。

ここまではどちらかというと、お客さまに質問して話を聞く**「受け」**の段階でした。

ところが、ここからはこちらの情報を伝える**「攻め」**の段階だからです。

その第一声をどうするか？

これは、あなたにとっても悩みどころではないでしょうか？

そしてもう1つ。

このときの**「お客さまの心理状態」**にも注目です。

以下は着席した後の会話です。ちなみに、これは私の失敗事例です。

私：「さっそくですが、この商品に対してご興味はありますか？」
お客さま：「うーん、どうですかねえ」
私：「今後の導入のご予定は？」
お客さま：「わかりません」
私：「どこか他の会社の商品を検討されているのですか？」
お客さま：「それをあなたに教える必要はないでしょう」
私：「失礼しました………」

こんな感じでどんどん雰囲気が悪くなっていきました。これではせっかく和みつつあった空気が台無しです。

「おかしいな。何がいけないんだろう?」

そこで私は逆の立場になって考えてみました。

つまり、お客さまが営業マンに会う前からの顧客心理をたどってみたのです。

【お客さまが営業マンに会う前の不安要素】

- **押しが強くて強引な営業マンだったらイヤだなあ**
- **気がきかなさそうだったらすぐに断ろう**
- **しつこく粘られたらイヤだなあ**
- **自分に合う商品なんだろうか?**
- **会社自体は大丈夫なのかな?**

ざっとこんな感じでしょうか?

それがここまでのやりとりを通して、最初の２つはクリアされました。ところが、まだ残りの3つの不安要素を、お客さまは抱えたままだということに気づいたのです。

どんなに感じのいい営業マンだということをアピールしても、少しでも不安な点があるうちは、お客さまの「心のガード」は下がりません。だから質問をしてもまともに答えてくれなかったのです。

そこで着席したら、まずお客さまの残りの不安要素を取り除く作業をすることになります。

具体的には、以下の3つです。

①訪問目的を伝える
②商品概要を伝える
③会社概要を伝える

どうですか？　あなたはいままでこれらのことをやっていましたか？

私はこれをやることで、その後の商談が見違えるようにうまくいくようになりました。

何よりも、警戒しているお客さまにムリやり説明するというような場面がなくなったのがありがたいことでした。とくにお客さまの気持ちを必要以上に考えてしまう私のようなタイプの人なら、その違いにすぐに気づくことでしょう。

では、それぞれを詳しく見ていきましょう。

【お客さまの不安要素を取り除く①】
「しつこく粘られたらイヤだなあ」

最初に、**「訪問した目的」**をお客さまに伝えます。

お客さまの不安要素として、「断っても強引に粘ってきたらイヤだなあ」というものがあります。「ちょっとでも甘い顔を見せたら、つけ込まれる」と思っているので、決してガードを崩そうとしません。

そうなると、もう話は進まなくなってしまいます。

では、どうすればいいのでしょう？

そんなお客さまに対しては、

「今日の目的は、この商品のご案内だけです。気に入っていただければ買っていただきたいと思いますが、不要でしたら帰ります」

ということをいってあげるとホッとしてくれます。**「いつでも断ることができる」**ということを、最初に約束してしまうのです。

これを伝えることで、お客さまの「心のガード」はグンと下がります。

メリットはそれだけではありません。

それは、「ムリに売りつけないよ」と伝えることで、あなた自身も「何としても売らなきゃ」という**「プレッシャーから解放される」**ということです。実際にいってみるとわかると思いますが、肩の力がスッと抜けて、ずいぶんリラックスできることでしょう。

また、その際には、**「終了時間」**の約束もしておくと、より親切です。

「今日は30分程度で終わりますので、よろしくお願いします」

などと終わりの時間を伝えておくのです。

もちろん、約束ですから守るのが大前提ですが、話が盛り上がって先方も話を続けたがっているようでしたら、「もう少しお時間大丈夫ですか?」と確認したうえで延長して話を進めてもかまいません。

【お客さまの不安要素を取り除く②】

「自分に合う商品なんだろうか？」

ムリに売りつけられることがないとわかってホッとしたお客さまが、次に気になっていることは、**「どんな商品なのか？」**ということです。

まったく不要なものなら話を聞くまでもありませんし、自分の役に立ちそうなものなら早く聞きたいと思っています。したがって、ここで**「商品の概要」**を説明します。

ここで、次のように思われた方がいるかもしれませんね。

「ちょっと待って。商品説明はもっと後でするんじゃないの？」

そのとおりです。

「商品説明」はもっと後の段階で行うものです。

したがって、ここでは商品を詳しく説明するのではなく、あくまでも概要にとどめます。

「求人雑誌広告のご案内です」

「顧客管理システムのご紹介です」

など、カタログがあれば表紙を見せながら「これです」という程度で充分です。

決してしゃべりすぎてはいけません。

ところが、ここでやってしまいがちなミスがあります。


それは、ついつい調子にのって商品説明を始めてしまうことです。


繰り返しになりますが、まだこの段階では商品説明をしてはいけません。次の章で説明する「ヒアリング」を飛ばして商品説明をしてしまうと、むしろ受注に結びつく可能性を下げてしまいます。

ここでは、「こんな商品をご案内したいのですが、ご興味はありますか?」という感じでざっくりと見せればいいでしょう。そして興味がありそうなら、次章の「ヒアリング」のステップにすみやかに移ります。

【お客さまの不安要素を取り除く③】
「会社自体は大丈夫なのかな？」

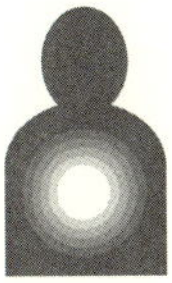

最後は、**「どんな会社なのか？」**ということを簡潔に伝えてお客さまを安心させましょう。

自社紹介でよくありがちな失敗パターンとして、

「弊社は１９××年の設立で、最初は電子部品の製造をやっていましたが、しだいに事業を拡大して、いまでは資本金10億円、従業員数80名で工場のパートも含めると全部で約２００名を抱える会社です。主な事業内容としては５つありまして、まず１つめが……」

など、会社の概要を延々と説明し始めることです。

聞かされるほうは苦痛になりますよね。

自分の会社をよく知ってもらって、信頼してもらいたいという気持ちからのことなのでしょうが、それがかえってお客さまの気持ちを冷ましてしまうことになるのです。

また、会社案内のパンフレットなどを「先に手渡してしまう」というケースもよく見受けられます。

不用意にパンフレットなどを渡してしまうと、お客さまはそれを興味なさそうにペラペラとめくり始めます。その間は営業マンの話など聞いてはくれません。

そもそもお客さまは、設立がいつとか、資本金がいくらなどといった細かい説明などは聞きたくないのです。

聞きたいのは、**「安心して取引できる会社かどうか?」**ということだけです。

したがって、説明をする場合には、その1点だけに絞ればいいのです。

たとえば、パンフレットを使うなら、

- **毎年伸びている売上高のグラフ（成長していることをアピール）**
- **優良企業が並んだ実績一覧（優良顧客がたくさんいることをアピール）**
- **全国展開している支店一覧（規模とサービス網をアピール）**

その部分だけを見せて安心させたら、もうパンフレットは閉じてかまいません。

そしてパンフレットは他の資料とまとめて**「最後」**に渡しましょう。

あくまでも手短に、長話は絶対に禁物です。

いかがでしょうか？

①訪問目的を伝える

②商品概要を伝える

③会社概要を伝える

以上の3つのことができたら、お客さまの心に残っていた不安要素を取り除くことができます。

ここでは**「たくさん説明しない」**ことがポイントです。すべて、一言レベルですませるようにしてください。

ここで気をつけておきたいことは、「お客さまからの情報を聞くときにはじっくりと！そしてこちらからの情報を伝えるときには簡潔に！」ということです。

まあ、多くを語るのが苦手な内向型営業マンなら、しゃべりすぎる心配はないでしょうが……。

さて、これでこの章は終わりです。

ムリにしゃべろうとしなくてもいいので、気楽にできそうな気がしませんか？

じつは、その気楽な気持ちが大切です。

自分が緊張していると、それは相手にも伝わるものです。場の雰囲気を和らげる最適の方法は、**「まず自分がリラックスする」**ことなのです。それには自分の性格に正直に振る舞うことが一番ですよね。

もう自分にムリをするのはやめにして、うまくお客さまにしゃべってもらうことに重点を置きましょう。

そうすれば、お客さまはあなたの話に素直に耳を傾けてくれます。

こうなるとしめたものです。あなたの緊張もいっそうほぐれて、お互いに**「プラスの循環」**が生まれ始めることは間違いありません。最初からそんな雰囲気になったら、商談もうまくいきそうな気がしますよね。

では、そのいい雰囲気を活かしつつ、次のステップ**「ヒアリング」**に移ることにしましょう。

第4章

この単純な質問で、お客さまが自らしゃべりだす!

ステップ3

［ヒアリング］

素朴な疑問。「ヒアリング」って本当に大切なの？

ここまでの序盤戦、お疲れさまでした。

そもそも新規のアポを取るとか、初対面の人と和やかなムードになるというのは、内向型の人にとってはかなりハードルが高いことですよね。でも、ここで書いていることを実践すれば、比較的ラクに乗り越えられることがわかっていただけたと思います。

さて、前の章を実践することで、緊張してかまえているお客さまの警戒心を解くことができました。お客さまが抱えていた不安要素も取り除いています。

こちらに対するガードが下がったところで、さっそく**「ヒアリング」**に入りましょう。

あなたに営業経験があるなら、おそらくこのヒアリングという言葉はもうご存知ですよね。

そして、**「営業はヒアリングが大切だ」**というのも一度は聞いたことがあるのではないでしょうか？

これは多くの営業本にも、当たり前のように書かれていることです。

でも、あらためて考えてみると、なぜヒアリングをしなければならないのでしょうか？そんなわずらわしいことをしなくても、そのまま商品説明をすればすみそうな気もします。私はずっとそれが疑問でした。

ただ、ヒアリング自体は、とくに内向型の私にとっては、自分でしゃべることに比べればはるかにラクな作業だったので、その行為に疑問をもちながらも、ごく形式的にはやっていました。

序章で登場したリクルート時代のＨ先輩もやっていたので、「そういうものかなあ」と思っていたのです。

当時の私のなかでは、ヒアリングは単なる営業のなかの１つの儀式にすぎませんでした。もちろん売れ始めたときにはわかりましたが、最初の頃はその本当の意味など知らずにやっていたのです。

ヒアリングがいかに大切なのか？

つい最近も、それをまざまざと実感したできごとがあったので、次の節でご紹介したいと思います。

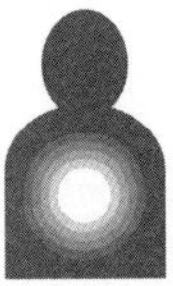

あなたなら、どちらの人から買いますか？

某大型家電量販店での話です。

私はビデオカメラを買うためにその店に入りました。

目当ての商品が並んでいるコーナーに行って、しばらく眺めた後、

「すみません、いまこのビデオカメラを検討しているんですけど」

と店員に声をかけました。

すると、その店員はにこやかに、そして流暢に説明をしてくれました。

「はい、この機種ですね。これはハードディスク内蔵タイプになっていまして、従来のカセットテープ型とは記録方式がまったく異なるビデオカメラです。ハードディスクのメリットは、まず長時間録画が可能になったことです。この機種ですと、6時間連続撮影ができますし、カセットを途中で交換する必要がないので、とても便利です。そしてデジタルデータで保存されるので、撮影した映像をパソコンなどで編集したりＤＶＤに残す作業

も簡単にできます。お値段もお安くなっているのでお買い得だと思いますよ。さらにいまキャンペーンを行っておりまして……」

この後も店員の説明はまだまだ続きました。その間、私は一言もしゃべることなく、ただ聞いていていました。

そのときの私の心の声はというと、

「ハードディスクのよさなんてとっくに知っているんだけどなあ。だからこの機種を検討しているんだから……。そんなことより、聞きたいのはもっと別のことなんだ！」

と、一方的な説明を聞かされながら徐々にイライラしていたのです。

そんな私の心の声などおかまいなしに、店員はまだまだしゃべり続けます。

そうなると、もう私は彼の説明をほとんど聞いていません。聞いているフリをしながら、イライラを通り越して、もう買う気もなくなっていたのです。

「あんたが説明していることは全部ネットで調べて知っているんだよ。もう時間のムダだ！」

そんな私の心の叫びをいっさい察することもなく、その店員は、

「……以上です。ご検討くださいませ」と説明し終えて満足そうな笑顔。

「どうも」とだけいって、私はすぐにその店を出ました。

「こんな店では二度と買わないぞ！」という心の叫びを残しながら……。

このような経験はあなたにもありますよね？

店に行って、聞いてもいないようなことまで勝手に説明を始める店員に当たってしまったこと。そうなると、もう買う気も失せてしまいますよね。

この話には続きがあります。

店を出た私は、近くにある別の大型家電量販店に行きました。

そもそもその日はビデオカメラを買うために、わざわざ電車を乗り継いで街に来ていました。どうしてもその日のうちに手に入れたかったのです。

私は次の店でも同じように商品の前で店員を呼びました。

すると、今度の店員は、最初にこう聞いてきたのです。

「この商品ですね。ちなみにこれをどのような用途でお使いですか？」

「セミナーの風景を撮影するのに使いたいのです」

「そうですか。でしたら主に室内でのご使用ですよね。照明は蛍光灯ですか？」

「そうですね」

「それでしたら、こちらの商品がオススメです。レンズが他のメーカーと比べて明るくなっていまして、蛍光灯の明りでも充分キレイに撮影できますよ」

「そうなんですか！」

私は一気に乗り気になりました。

その後もその店員は、

「このボタンで解像度が変えられます。あ、解像度ってご存知ですか？」

「画像のサイズのようなものだと思いますが」

「そうです！　そうです！　で、その解像度がですね……」

という具合に、時々こちらに**「確認」**をしながら話を進めてくれました。

「ありがとうございます！」

最後に私は心からお礼をいって、その商品を買いました。気持ちのいい買い物ができて、とても満足したことを、そのビデオカメラを見るたびに思い出すほどです（ちなみにそのビデオカメラは、最初の店で説明を受けたのとまったく同じ機種でした）。

「ヒアリングをする目的＝ゴール」は2つある

さて、この2人の店員の違い、もうわかりますよね？

そう、「ヒアリング」をしているかどうかの違いです。

おそらくこの両者は、商品の知識としては同等のレベルだったと思います。接客態度も大差はありません。

ところが、一方はどんなに説明しても私の心が離れていき、結局売れずに終わってしまい、もう一方は、私に満足して買ってもらいました。

この違いがいかに大きいことか……。

そこでこの章では、まずヒアリングの役割を再確認したうえで、内向型営業マンがヒアリングを行うにあたってのポイントを解説します。

ステップ３［ヒアリング］の全体図

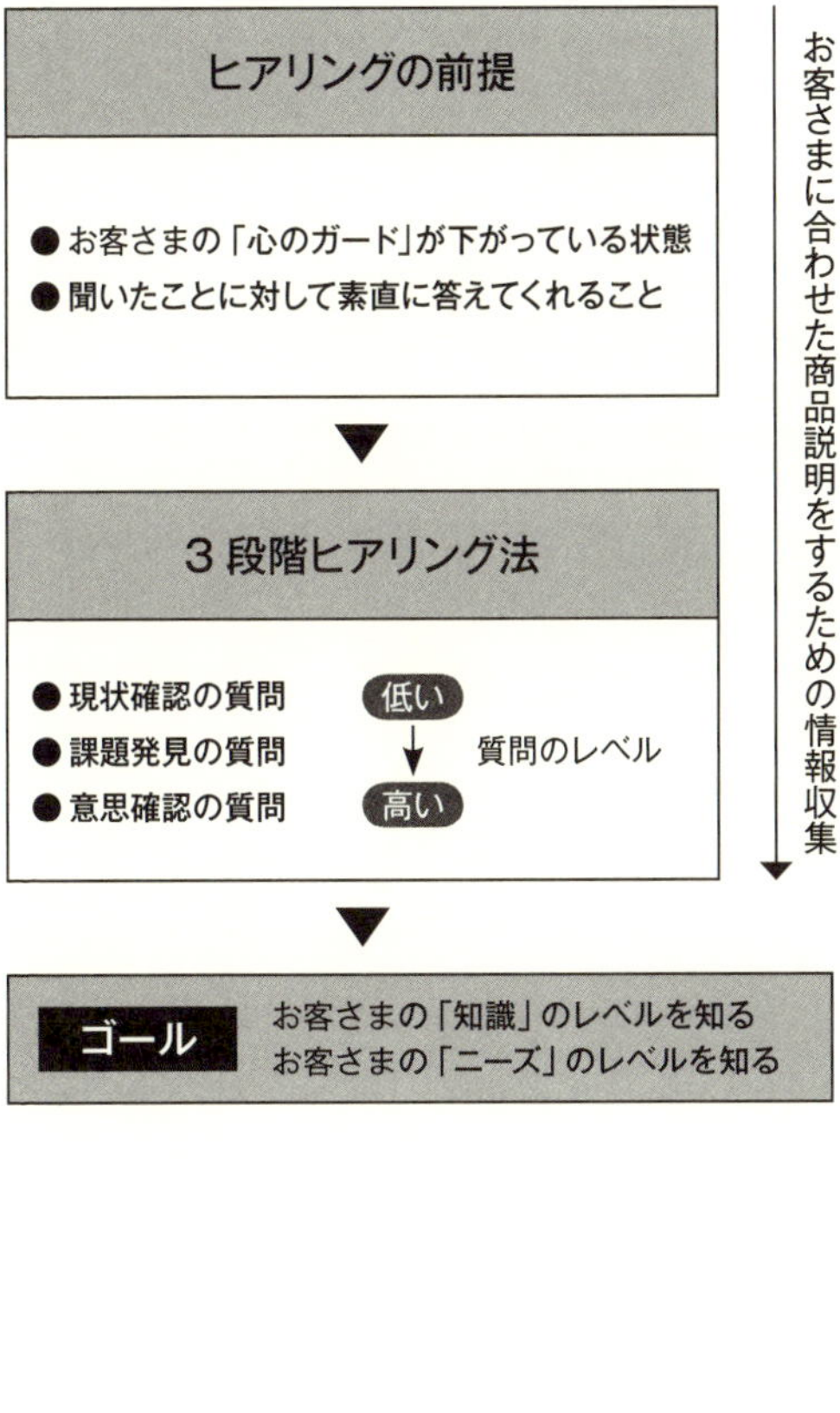
ヒアリングの前提
● お客さまの「心のガード」が下がっている状態
● 聞いたことに対して素直に答えてくれること
３段階ヒアリング法
● 現状確認の質問
● 課題発見の質問
● 意思確認の質問
低い
高い
質問のレベル
お客さまに合わせた商品説明をするための情報収集
ゴール
お客さまの「知識」のレベルを知る
お客さまの「ニーズ」のレベルを知る

ここでの目的は、次のステップである「商品説明」を適切に行うために必要な情報を聞き出すことです。

具体的には、お客さまの**「知識」**と**「ニーズ」**のレベルを知ることができればヒアリングは終了です。

また、これは後で説明しますが、内向型の人はヒアリングの基本的要素をすでにもっているケースが多いものです。したがって、あなたが内向型だとしたら、ここは比較的ラクなステップといえるでしょう。

なお、ここのステップでは、まだ**「リサーチ」**をするだけにとどめてください。ここはあくまでもお客さまの「知識」と「ニーズ」のレベルを調査する段階です。「売る」ことを意識する必要はありませんし、まだ売ってはいけません。

あなたの職業は**「リサーチャー」**です。調査に徹してステップのゴールのみを目指しましょう。

心配性な性格がヒアリングでは大きなメリットに！

営業の場面にかぎらず、内向型の人の特徴としてあげられるものに、**「相手の話を聞いてからしゃべる」**というものがあります。

とくに私はそうなのですが、まず相手の話をひととおり聞いてから自分の意見をいうクセがあるのです。

あなたはどうですか？

これはおそらく、「相手の考えがわからないうちは不安で何も話せない」という気持ちがそうさせているのだと思います。

「勝手にしゃべって相手を傷つけていたらどうしよう」

「相手が興味のないことをしゃべるのは申し訳ない」

などなど、**「人に迷惑をかけたくない」**という感情が強いのが、私のような内向型の特徴といえるでしょう。

これは人に対する「やさしさ」の表れではありますが、一方で、嫌われるのが「怖い」という臆病な感情も含まれていると思っています。だから人前に立ったり、目立つことをするのを避けてきたのだと私は自己分析しています。

そしてこの内向型の性格は、じつはヒアリングに最適なのです。

「勝手に商品の説明をし始めても聞いてくれるかどうかが心配だ。そもそもこの商品に対して興味があるのだろうか？　あるとしたらどの程度？　さらにこの商品をどれくらい知っているのだろう？　それがわからないうちは、説明なんて始められないよ」

これって内向型の心配性な性格そのものですよね。

ヒアリングというのは、この心配ゴコロがベースになっているのです。

「こんなの当たり前だよ」と思ったあなた！

素晴らしいです。すでにヒアリングの基本を身につけているのですから……。

お客さまが自然に答えてくれる！——「3段階ヒアリング法」

それでは、ここから具体的なヒアリングの手法について解説していきます。

相手の気持ちを察して、決して強引な行動をとらないという内向型の特徴を活かすことで、より効果的なヒアリングができるようになるでしょう。

まず、ここでとても大切なことをお話しします。

それは、「質問のレベル」を意識すれば、お客さまは自然に答えてくれるようになる、ということです。

ちなみに「売れない営業」だった頃の私は、お客さまに質問をすることがヒアリングだと思っていました。

とにかく何でも思いつくままに聞けばいいのだと……。

「いまの御社の課題って何ですか?」

「ところで、○○さんは入社して何年目ですか?」

「設立当初は何名くらいだったんですか?」

「10年後にどんな会社にしたいですか?」

いま思うと、質問のごった煮でしたね。聞く順番も何も考えていませんでした。支離滅裂な質問をすれば、当然のようにお客さまは混乱してしまい、返事に困ったり考え込んだりするシーンが多くなります。

「さっそくですが、来年の抱負をお聞かせください」

「抱負ねえ。うーん、そうだねえ」

「でしたら、今年一番うれしかったことは何ですか?」

「え? ああ、うれしかったことって、何かなあ」

「それでは、………」

という具合に、お客さまが即答できないでいると、その沈黙がイヤですぐに次の質問をし始めるということをよくやっていました。失礼な話ですよね。

もちろん、当時も質問によってはすぐに答えてくれるものとそうでないものがあるとい

質問に対する答えやすさのレベル（難易度）

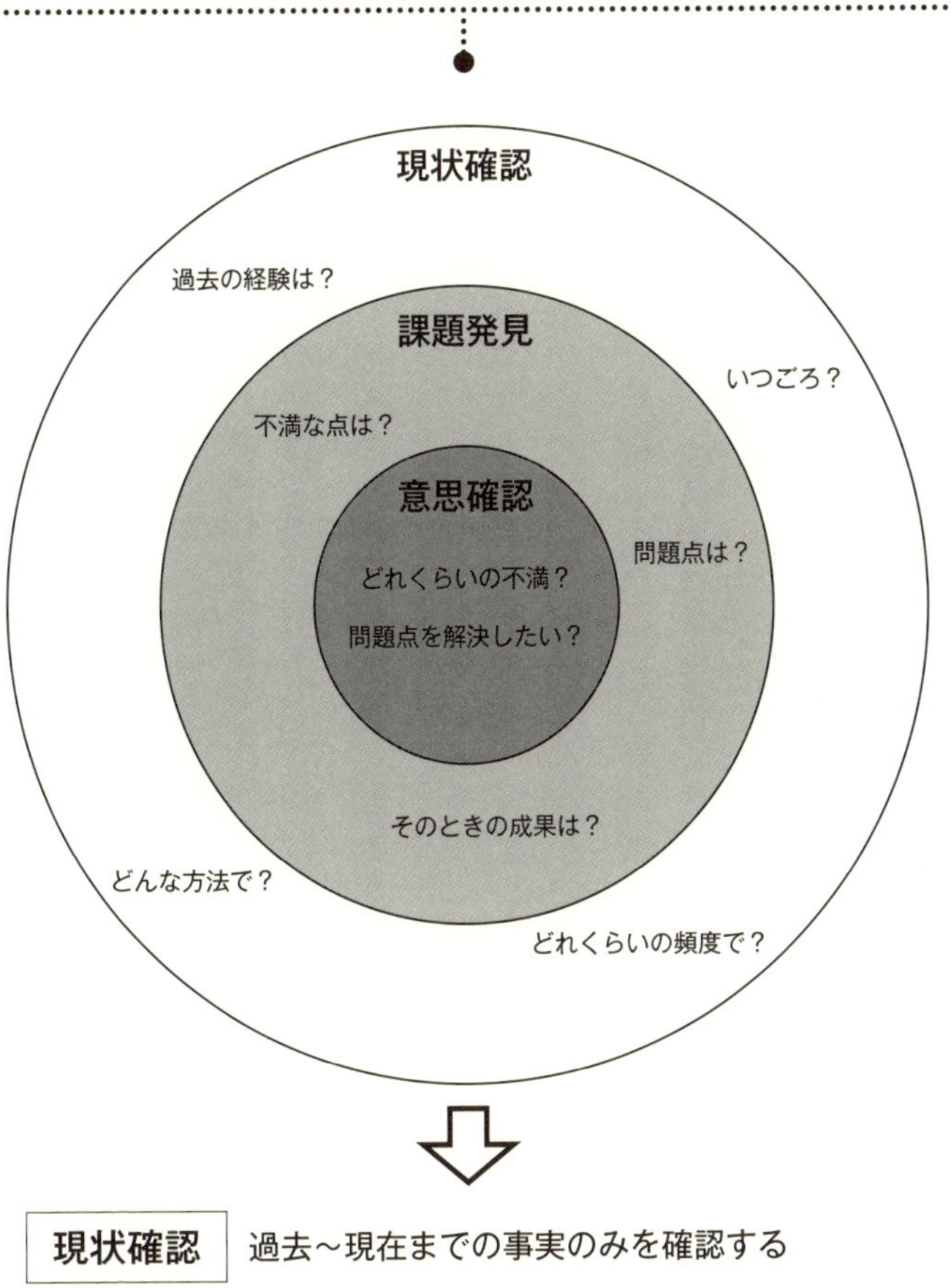

現状確認	過去～現在までの事実のみを確認する
課題発見	その事実に対する「不満」や「問題点」を見つける
意思確認	その不満などに対する「意思」を確認する

うことは気づいていました。ただ、その使い分けの方法がわからなかったのです。

そこでいろいろな質問を書き出してから、それを**「答えやすさのレベル（難易度）」**で分類してみました。それが前ページの図です。

私はこれを**「3段階ヒアリング法」**と呼んでいるのですが、その中身はいたってシンプルです。

外側が一番やさしい質問です。まずはここからスタートして、徐々に中央の難しい質問をしていくというのが「3段階ヒアリング法」のポイントです。

では、なぜこうする必要があるのでしょう?

それは、こうすることで、最も聞きたい中央の部分がムリなく聞けるようになるからです。鋭い質問をいきなり投げつけることが性格上なかなかできない人でも、ステップを踏むことで聞きやすくなるのです。

さらにお互いに質問と答えを何度か繰り返すことで、内向型が苦手としている**「会話のキャッチボール」**ができるようになり、しだいに緊張がほぐれて、より親密な話ができるようにもなってきます。

それでは、次からそれぞれの内容を具体的に見ていきましょう。

【３段階ヒアリング法①】
お客さまの状況を探る「現状確認」

まずは、**「現状確認」**の質問についてお話しします。

ヒアリングの最初の段階では、お客さまも質問に答えるための心の準備ができていないものです。はじめから難しい質問をしても、なかなか答えてくれないのはそのためです。

こちらが変な質問をしたことでお客さまを悩ませてしまうのは心苦しいかぎりですし、それによってまた場の空気が重くなることもあります。

それは何としても避けたいですよね。

そこで、まずは最も答えやすい**「広い範囲の質問」**を心がけましょう。

例として、私がリクルートで求人情報誌の営業をやっていたときの質問を紹介します。

営業：「これまでに人材募集をしたことがありますか？」

お客さま：「はい、あります」

「ある」か「ない」かという事実のみを聞いています。

これによって、お客さまの求人募集に関する現状がわかりますよね。同時に、お客さまの頭のなかにも「求人の話」というイメージが植えつけられました。

すると、次の質問にも答えやすくなります。

営業：「どうやって募集をしていましたか？　チラシとか新聞とか？」
お客さま：「ハローワークを使っていました」

これで第1段階の「現状確認」のためのヒアリングは終了です。少し具体的な質問をしていますが、前の質問でイメージができているので、この程度なら比較的スムーズに答えられるでしょう。ここまでは簡単にできそうですよね。

このやりとりでわかったことは、「過去に求人募集をしているが、まだ新聞や雑誌などの広告は使ったことがない」ということです。

つまり、リクルートで扱っている求人情報誌に関しては、ほとんど知らないと判断できます（知識レベルC）。この確認作業によって、次のステップ「商品説明」では、初心者向けに最初から説明するパターン（次章で解説）を適用することとなるのです。

いかがですか？

あなたの扱っている商品をイメージしながら読み進めてくださいね。

【3段階ヒアリング法②】お客さまの問題点を探る「課題発見」

では次の質問、すなわち**「課題発見」**の質問に移ることにしましょう。

この段階から、少しずつ立ち入った質問になっていきます。

リクルートの場合だったら、「人材を採用したいというニーズがあるかどうか？」を確認することが重要になります。

これはあなたが扱っている商品でもいえることです。現状での**「不満」**や**「問題点」**を探ることで、売る余地があるかどうかを見極めることができます。

実際の例を見てみましょう。

営業：「ハローワークではどうでしたか？　希望する人材が来ましたか？」
お客さま：「いやあ、なかなか難しいですね」

現状を聞いています。「いま使っている商品で満足した結果は得られていますか？」という質問です。それに対して、「あまり満足していない」との解答ですね。

ここであなたは、「お客さまがそんなに簡単にホンネを答えてくれるはずがないでしょ？」と思われたかもしれませんね。

ごもっともです。これはかなり核心に近い問いかけで、普通はなかなか答えてくれないものです。

ところがこの場合は、ステップ２の「訪問」で場を和ませていることと、段階をつけてヒアリングをしていることで、このような質問にもムリなく答えてくれるようになっているのです。

したがって、この会話は誇張でも何でもありません。自然の流れのなかでの会話です。

逆にいうと、しっかりとステップを守っているだけで、自分もお客さまも**「自然体」**で会話ができるようになるのです。あがり症な人やすぐに緊張しがちな人にとっては、自然体でいられることの大切さは充分に理解できますよね。

さて、この質問でわかったことは、**「現状のやり方では満足していない」**ということです。この答えを引き出せれば、商談は大きく前に進みます。

でも、ここで気をつけたいことがあります。

営業：「そうですか。まあハローワークではたくさんの人から選べないですからね。その点、求人情報誌を使うと、○○や○○のメリットがありますよ。たとえば……」

私はこれで何度も失敗しました。ニーズがあるとわかると、すぐに商品説明を始めてしまうのです。営業マンなら、そうしたくなる気持ちもわかりますよね。

でも、ここで商品説明を始めても、結果がうまくいったためしがありません。

繰り返しになりますが、ここはまだヒアリングの段階です。あなたの職業はリサーチャーでしたよね。

それなのにいきなりセールスマンに代わってしまうと、お客さまはすぐにガードを上げてしまいます。その結果、ヒアリングが中途半端になってしまい、的確な商品説明ができなくなってしまうのです。

ついつい説明を始めたくなる気持ちはものすごくわかります。

でも、ここはグッとこらえてヒアリングを最後までやり遂げましょう。それが**「売れる営業」**になれるかどうかの分かれ目です。

【3段階ヒアリング法③】
ニーズの深さを探る「意思確認」

3つめは**「意思確認」**の質問です。

2つめの質問で、「現状に不満がある（つまりニーズがある）」ことを確認しました。

ここではその**「ニーズの深さ」**を探っていくわけです。

いくらニーズがあったとしても、そのお客さまが「別にいい人材を集めて会社を伸ばそうなどとは考えていないよ」というタイプかもしれません。そうなると、高いお金を払ってまで求人募集をしたいとは思わないでしょう。

そんなお客さまに対して、「いい人を採用すれば会社はどんどん伸びますよ！」などといったセールストークをぶつけても、手ごたえがないのは目に見えています。

お客さまの興味ポイントとこちらのセールスポイントがズレているのですから……。

ヒアリングの途中で商品説明を始めてしまうと、このズレが生じてしまうのです。

そこで、お客さまが現状の不満点に対して、**「どのくらい興味があるのか？」**ということをここで確認します。

（お客さまの「いやあ、なかなか難しいですね」の続きから）

営業：「それでもうまく回っているのですから、いいですよね」

お客さま：「そんなことはないですよ。入ってもすぐに辞めちゃうのでねえ」

営業：「そうなんですか。ちなみにどんな人が来てくれたらいいですか？」

お客さま：「そうだねえ。やっぱり仕事に前向きな人かな」

営業：「そういう人は面接に来ないんですか？」

お客さま：「来ないねえ」

ここまでのところはいかがですか？

一緒にお客さまのタイプを想像してみてください。

「すぐに辞めちゃう」というキーワードが出てきましたね。現状での不満の内容がさらに絞り込まれました。これが次のステップ「商品説明」で活きてくるのです。

そして、このお客さまからは、「いい人が採用できたらいいけど、そんなのムリだよ」という印象を受けました。おそらくハローワーク以外の採用手段を知らないからだと推測できます。そこで次に、

営業：「すぐに辞めちゃうと、また新しい人の募集をしたりといろいろ手間ですよね」

お客さま：「そうなんだよ」

営業：「またゼロから仕事を教えていくのも大変ですよね」

お客さま：「そうそう。で、教えたと思ったらすぐに辞めちゃうんだからね」

営業：「キリがないですよね」

お客さま：「まったくだよ」

お客さまのポジション

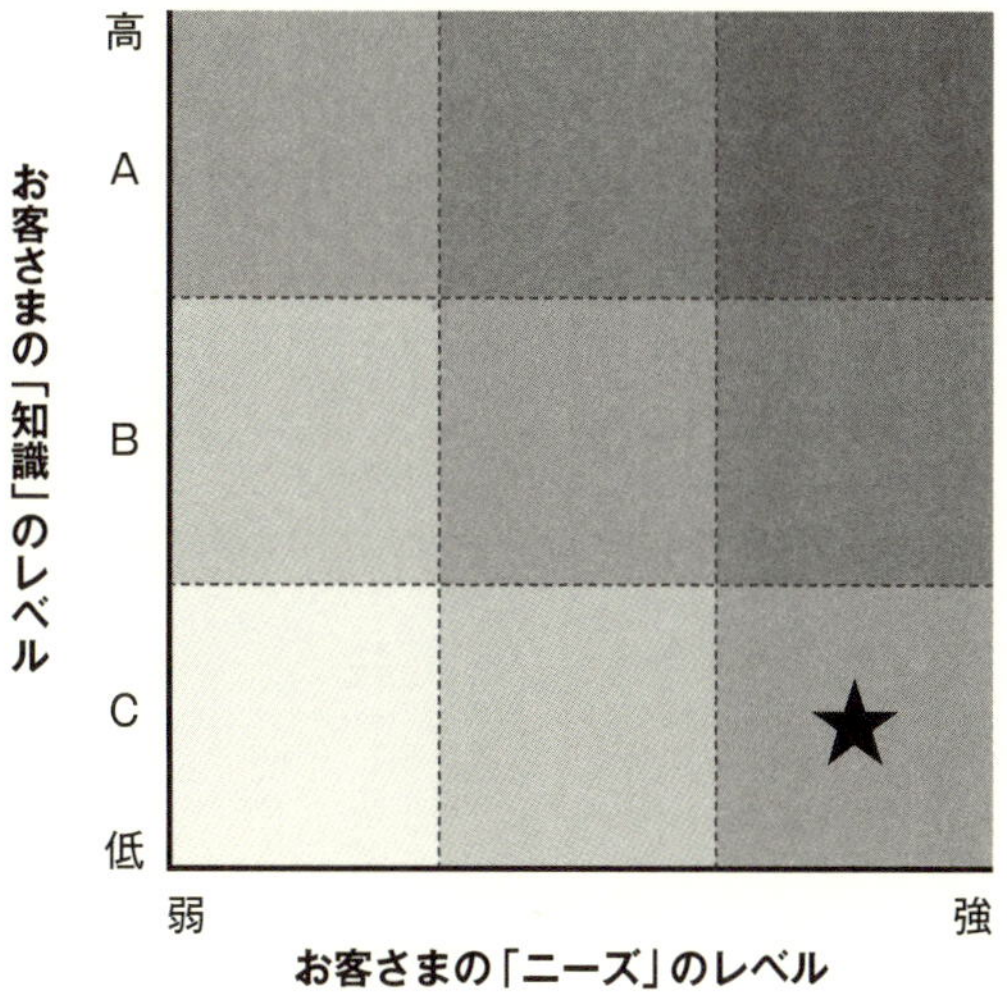

ヒアリングによって、このお客さまのポジションは、
商品知識は低い（レベルC）が、
ニーズは強いということが確認できた。

⇩

この情報をもとに次のステップの「商品説明」を行う。

これで第3段階が終了、つまりヒアリングが終了しました。「え、もう終わり？」と思われるかもしれませんが、前にもいったとおり、ヒアリングのゴールは、お客さまの**「知識」**と**「ニーズ」**のレベルの確認です。それができたので終わりなのです。

この場合は、「人がすぐに辞めて困っている。それによって手間と労力がかかって大変だと思っている。さらに、それがずっと続くと思うと憂鬱だ（『何とかしなくちゃ』と思い始めている）」というものです。

これを表したものが前ページのマトリックス図です。「知識」レベルは低く（レベルC）、「ニーズ」レベルは強いということが一目でわかるでしょう。

実際にはこの先に、

「理想の人が入社するとどうなりますか？　未来のイメージは？」

というような質問をすることもあります。

このイメージが共有できれば、その後の商談にも大きな武器になります。

さて、以上が「3段階ヒアリング法」です。

「現状確認」をして「課題発見」をした後、「意思確認」をする――。

このように3つに分けることで、**「いま何が聞きたいのか？」**が自分のなかで明確になります。

そして、それぞれの段階に小さなゴールを設けることで、たとえ途中で話が脱線したとしても、すぐに軌道に戻すことができます。

それぞれの段階での見極めは、扱う商品によっても違ってきますので、「これ！」という言い方はできません。ここでの例を参考にしながら、あなたの商品に置き換えて判断してください。

慎重に階段を1段ずつ登っていくイメージなので、1つずつ相手の気持ちを確かめながら進むのが得意な内向型にピッタリの方法だと思っています。

ぜひ、あなたの商品に当てはめて3段階の質問をつくってみてください。

そうすれば、もうよけいな質問でお客さまを混乱させることなく、最低限の質問だけでヒアリングを終わらせることができるでしょう。

しゃべらなくても相づちだけで会話は成り立つ

さて、「3段階ヒアリング法」はいかがでしたでしょうか?

ヒアリングに関しては、ここまでの内容を実践すれば問題ありません。

ここからは、その精度を高めるためのコツをお伝えします。もちろん内向型にピッタリのものです。

これは私がリクルートに入ってすぐのときの体験です。

ものすごくおしゃべりな女性2人と私を合わせた3人で喫茶店で話をしていました。

といっても、当然ながら私はほとんどしゃべっていません。ほぼ2人だけでの会話です。2人ともマシンガンのようにしゃべりまくっていて、私はただそれを聞いているだけ。

にもかかわらず、後日そのときの1人に、

「渡瀬くんって意外としゃべるよね」といわれました。

「えっ？　全然しゃべってないけど」と私。事実、しゃべっていません。

「そうかなあ、しゃべっているように感じたけど」

そういわれたのです。何だか不思議な感覚でした。

後で考えると、そのときの私はしゃべることこそほとんどなかったものの、彼女たちの話に要所でうなずいたりコメントをはさんだりするなど、**「小さなリアクション」**をしていたのです。

それが彼女たちにしゃべっているように見られた理由だと思いました。そして、このときの体験から、相手が一方的に話をしていたとしても、**「相づち」**の打ち方によっては、相手に満足感を与えられるのだということを知ったのです。

それまでの私は、しゃべる相手に対して、「こちらも何かしゃべらないと悪いのではないか？」と思っていました。相手が話している間でも、次に自分がしゃべることばかりを考えていたのです。

当然、会話にも集中できていないので、何となくぎこちない雰囲気になっていました。

そして、「私のせいで会話が盛り下がってしまった」とよけいに暗くなっていたのです。

ところが、彼女たちとの会話の場合、私が口をはさむ余地がまったくないほどに2人がおしゃべりだったことが幸いしました。私はそのとき、途中であきらめたのです。

自分がしゃべることを……。

「こんな状態で何かしゃべれるわけがない！」

その結果、相手の会話に集中できて、有効な相づちが打てたのです。

以来、私は相手に合わせてムリにしゃべろうとはせずに、**「相づちを打つタイミングのみに集中する」**ことにしました。こうすると、精神的にも本当にラクになりますし、相手にも気分よく話してもらうことができます。

これはもちろん、営業の場でも使えます。

「へえー」とか「本当に！」とか「スゴイ！」「その後は？」などだけでも、立派に会話が成立するのです。私たち内向型の人間は、「もっと何かしゃべらないと失礼かなあ」などとついつい思いがちですが、実際はそれほど違和感なく会話になっているものです。

したがって、もう堂々と無口なままで、ヒアリングに徹しながらお客さまのホンネを引き出して、気持ちよくしゃべらせてあげましょう。

それが簡単にできるのは、内向型営業マンならではの特権なのです。

人の気持ちに敏感な性格だからこそうまくいく！

この章の最初にもお話ししたように、以前の私がやっていたのは、ヒアリングとは名ばかりで、単なる質問を並べただけのものでした。まさに儀式。

「これだけ質問したらもういいだろう。よし、次は商品説明だ」

という感じで営業をしていました。

いま振り返れば、これは時間つぶしでしかありません。当時のお客さまにも申し訳ないことをしたと思っています。

そう考えると、ヒアリングはお客さまに対する**「思いやり」**だということに気づきます。

「ムダな説明をせずにあなたが必要な情報のみを伝えます。そのために、まずあなたのことを少し聞かせてください」

というのが営業マンの基本姿勢であるべきです。

これからの営業マンは、お客さまの気持ちを敏感に察して、それをやさしくケアしながらオススメの商品を選んでもらう——。

そんなデリケートな行動が重要になってくるでしょう。

これはまさに内向型の得意分野ともいえるのではないでしょうか？

人の気持ちに敏感な性格だからこそ、上手で落ち度のないヒアリングができるのです。

「心配性な性格」

「細かいところが気になる性質」

「ミスを嫌う慎重な行動」

「だれからも嫌われたくないという臆病さ」

あなたの性格や特質がこのうちの1つでも当てはまるのでしたら、それは立派な長所です。そして、その長所はヒアリングに最適です。

いかがでしょう？　そろそろ内向型の自分に自信がもてるようになってきませんか？

それでは、その調子で次のステップに移ることにしましょう。

第5章

ほとんど話さずにお客さまの「納得」が得られる!

ステップ4

【商品説明】

私が商品説明を大の苦手としていた理由

さて、ヒアリングが終わったら次のステップ**「商品説明」**に移ります。

ここで、あなたに1つ質問があります。

「商品説明」は得意ですか?

この本を読んでいるあなたが内向的なタイプなら、失礼ながらあまり得意ではないと推測しますが、いかがでしょうか?

じつは、私は商品説明が最も苦手でした。

何しろ話のテンポが悪いうえに、抑揚をつけたり強調しながら説明することもできません。自分が話をしているとき、お客さまが退屈そうにしているのがわかるのです。そうなると、話していても苦痛になってきます。

さらに苦手なのが、商品説明を中心としたトークの練習、すなわち**「ロープレ」**です。

ロープレとはロールプレイングの略で、実際の商談の場面を想定した練習方法です。

２人でペアになって、お客さま役と営業マンに分かれてトークの練習を行う――。

私はこれが大嫌いでした。

何より、**「役を演じる」**ということができませんでした。

しかも、本番よりもむしろロープレのほうが緊張してしまうというありさま。トークを覚えたつもりでも、いざとなると軽いパニックになってしまい、セリフをすっかり忘れてしまうのです。

上司や同僚の前でいつも恥ずかしい思いをしていました。

練習でさえうまくできないのに、実際の営業場面でできるはずがありません。

「こちらの商品についてですが、大きく３つの特徴があります。まず第１に………、それから……、そして………」

などとつっかえながら説明している途中で、

「ねえ、これってどういう意味？」

とパンフレットを見ていたお客さまが聞いてきます。

「あ、それはですね。……ということです。で、さっきの続きですが……」

「ところで、これっていくらなの？」

「え、これですか？　〇〇円です」

「けっこう高いんだね」

「はい、でもそれなりの効果はあるので……」

「まあ、ちょっと検討させてもらうよ」

「そうですか。よろしくお願いします」


なんとまあ中途半端な商品説明なのでしょう。

こうなると、緊張で汗びっしょりになってしまうのもムリはありません。話の途中で質問されたりすると、もうどうしようもなくなって、そのまま説明しきることもできずに終わってしまうこともしばしばでした。

本来、気が弱いので、相手のペースに振り回されてしまうと、強引に元に戻すことなどとてもできません。もちろん、そんな優柔不断な営業マンには注文が取れるはずなどありませんでした。

あれほど練習して覚えた商品説明がムダだったなんて！

売れない頃の私は、ずっと思っていました。

「ちゃんと商品説明ができないから売れないんだ」

「いつも途中でつっかえたり忘れたりして、しどろもどろになるから伝わらないんだ」

「自信がなさそうに見えるからダメなんだ」

「相手の反論に切り返せないのが原因だ」

「だからもっとトークを覚えて練習すれば、そのうち売れるようになるんだ」

そう思っていた私は、家に帰ってからもお風呂で練習したり、寝る前にトークをそらんじたりして懸命に覚える努力をしていました。

すると、その甲斐あって社内でのロープレでもうまくしゃべれるようになってきて、同僚からもほめられるようになりました。

「これならいける！」

そう思って客先へ行き、覚えたトークを披露するも、またまた見事に玉砕……。

そして再び練習に励む。あえなく玉砕する――。

ひたすら、その繰り返しでした。

その頃の私は、典型的な**「説明マシン」**でした。ボタンを押せばいつでもどこでも同じ説明を繰り返すだけの機械。口ベタな私にとって、しゃべり続けること自体が苦行だったので、本当に営業がツライ時期だったのです。

でも、かといって他にどんなことをやればいいのかわかりません。愚かな私は、商品説明をひたすら覚えるしか道はないと思っていたのです。

そんなある日、一緒にロープレにつき合ってくれていた先輩社員からいわれた一言が、私を大きく変えてくれることになります。

「お前の説明は、たぶんだれも聞いてないよ」

「…………！」（ガーン！）

あれだけ一生懸命に練習した説明をだれも聞いてないってどういうこと⁉

やっぱりしゃべりがヘタだからなのか？

「しゃべりの問題じゃなくて、**『しゃべる内容』**の問題なんだ」

「内容ですか？」

「そう。だって最初から最後まで説明する必要はないんだから」

「え、どういうことですか？」

私は混乱してしまいました。

商品説明は最初から最後までやるのが当たり前だと思っていたからです。

「いいか、これは大事なことだから、よく聞けよ。**お客さまが一番イヤがるのは、自分が知っていることをクドクドと説明されること**なんだ。お前みたいにダラダラと一方的に説明していたら、おそらくお客さまが知っていることも説明しているだろう。それがダメな理由だ」

「え、でも、お客さまが知っているかどうかなんてわかりませんけど」

「それを聞くのがヒアリングだろ。お前、何のためにヒアリングをやってたんだ」

「…………」（再びガーン！）

そうか、ヒアリングと商品説明は連携しているんだ！

そんなことも知らずに、ヒアリングではただ質問をしていただけで、商品説明には何も活かしていなかった！

そういえば、説明している途中から明らかにお客さまが不機嫌になったり、つまらなそうにパンフレットを見始めたりしていたっけ。それってしゃべりがヘタだからじゃなくて、ムダな説明をしていたからだったんだ！

お客さまに確実に伝わる商品説明をするためには、きっちりとヒアリングをする必要がある。そのためには、まず訪問したときに場を和ませる必要がある——。

営業の正しいステップを知らずに、個々の営業行為（ヒアリングや商品説明など）をバラバラにやっていた私は、ようやく自分が売れない理由がわかったのです。

さて、この章では内向型営業マンのための「商品説明」をお話しします。

とくに、興味もない人に対して長々と説明することに苦痛を感じる私のようなタイプの人のために、とっておきの方法、**「しゃべらない説明術」**をご紹介しましょう。

商品説明が短くてすむ！——「しゃべらない説明術」

前章のヒアリングでは、お客さまの**「知識」**と**「ニーズ」**のレベルを確認しました。つまり、お客さまがどのレベルにいるのかを把握しているわけです。

そこでこの章では、その**「お客さまのレベルに合わせた商品説明」**を行うことをゴールとします（169ページの図参照）。

お客さまのレベルに合わせて、３種類の商品説明を用意するのが大きなポイントです。

「えー、いままでだったら１つだけ覚えておけばよかったのに、３つも覚えなくちゃいけないの？」

そんな声が聞こえてきそうですね。

ご安心ください。

これからお話する「しゃべらない説明術」は、いままであなたがしてきた商品説明よりもはるかに短くてすむ方法です。

しかも、結果として、お客さまがあなたに対して、

「この人は私のことをよく知ったうえで、私のためだけに話してくれているんだ。それならこちらも真剣に話を聞こう」

という意識までもってくれるのです。

それだけではありません。

このやり方によって、お客さまが身を乗り出して聞いてくれるようにもなります。それどころか、逆にどんどん**「質問」**をしてくれるようになるのです。お客さまがちゃんと聞いてくれるというのは、内向型の人には絶対に欠かせない要素ですよね。


さて、内向型の特徴として、**「大勢の前で話すのが苦手」**ということがあります。

「1対1ならどうにかなるけど、1対多数だと、あがってしまってうまくしゃべれない」

というタイプです。

もちろん、私も大の苦手です。

その理由は、ちゃんと聞いているかどうかわからない相手に話をするのが不安だからだと思っています。

ステップ4［商品説明］の全体図

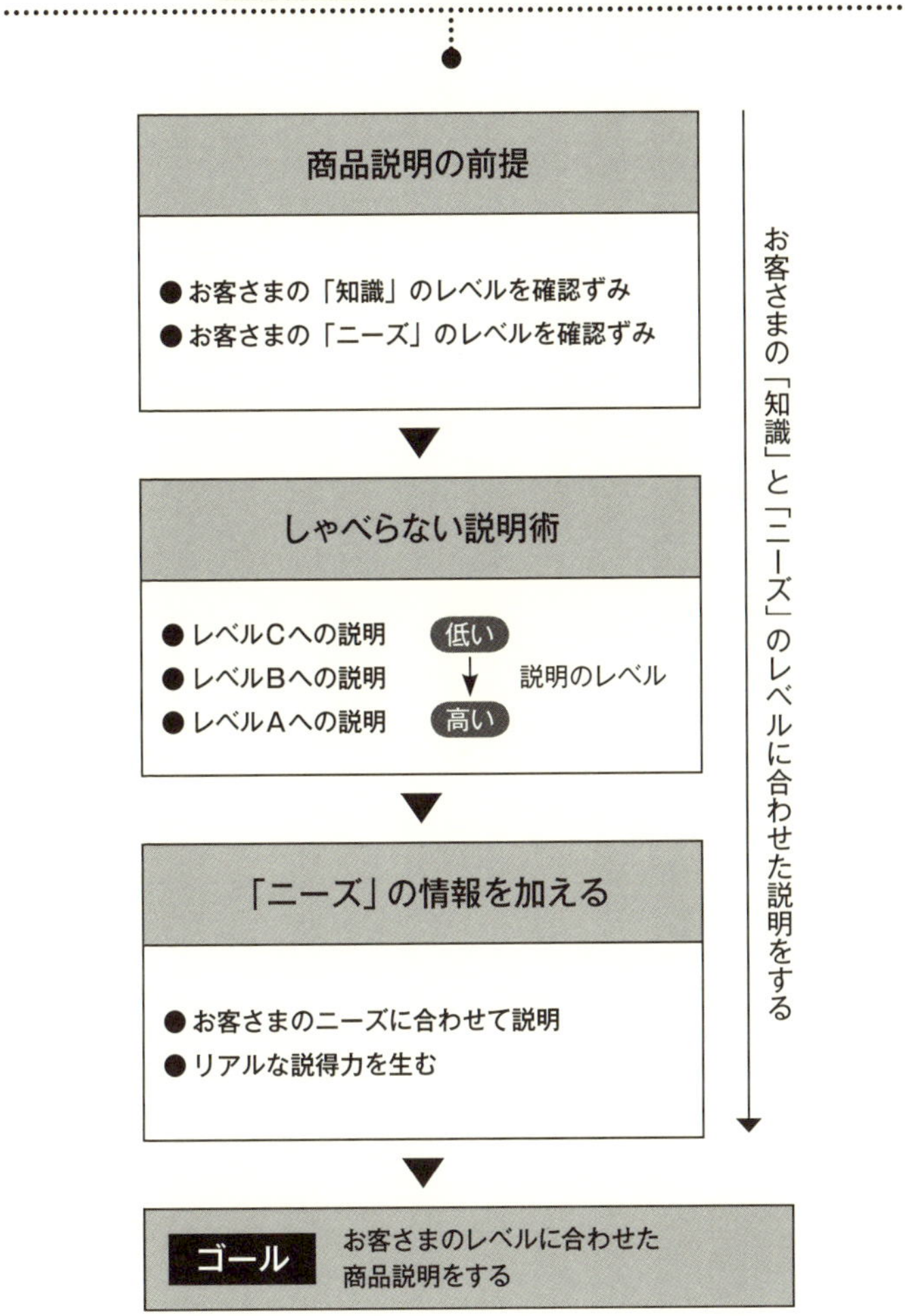
商品説明の前提
●お客さまの「知識」のレベルを確認ずみ
●お客さまの「ニーズ」のレベルを確認ずみ
しゃべらない説明術
●レベルCへの説明
●レベルBへの説明
●レベルAへの説明
低い
高い
説明のレベル
「ニーズ」の情報を加える
●お客さまのニーズに合わせて説明
●リアルな説得力を生む
お客さまの「知識」と「ニーズ」のレベルに合わせた説明をする
ゴール
お客さまのレベルに合わせた商品説明をする

「このまま話し続けても大丈夫だろうか？」

「退屈じゃないのかな？」

「興味をもって聞いているかな？」

などの不安でいっぱいになってしまうのです。

想像しただけでもツライですよね。

聞いてもいない相手に対してしゃべり続けるのは……。

私が一番重視したのは、まさにここでした。

では、お客さまにきちんと興味をもって聞いてもらうにはどうしたらいいのか？

次ページをよくご覧ください。

その答えがこの**「マトリックス」**にあります。

お客さまの「知識」と「ニーズ」のレベルで、具体的にはどう商品説明が変わってくるのか？

そして、それのどこが「しゃべらない説明術」なのか？

次の節から、それぞれの内容を見ていくことにしましょう。

［お客さまのポジション別］商品説明のポイント

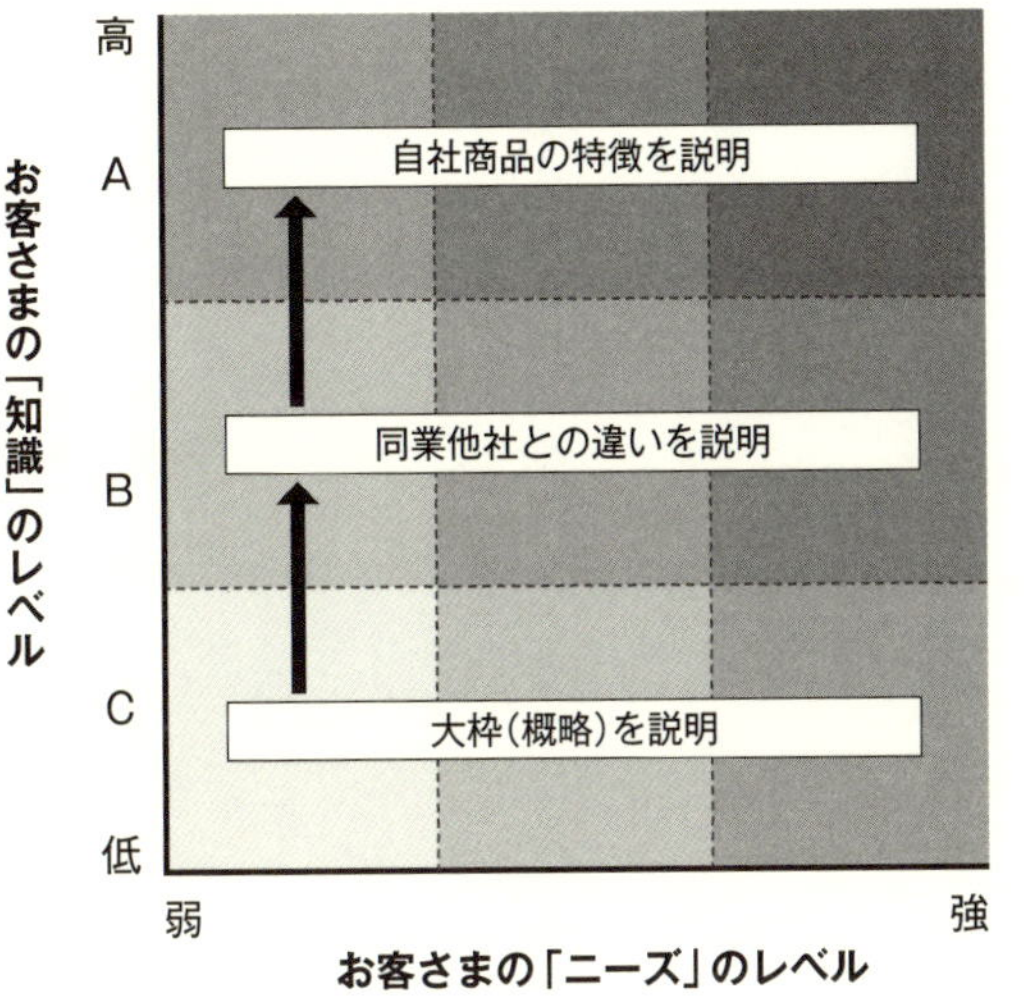

商品説明のやり方をお客さまに合わせて変える。
知識レベルに分けた説明のやり方をそれぞれ準備しておく。

⇩

するとお客さまは、
「この営業マンは、私のことをよく知ったうえで、
私のためだけに話してくれているんだ。
それならこちらも真剣に話を聞こう」
という意識をもってくれる。

【知識レベルC】
商品についてほとんど知らない人への説明

まずは知識レベルCのお客さまへの説明、すなわちヒアリングの結果、お客さまがあなたの商品についてほとんど知らないということがわかったときに行う説明についてお話しします。

この場合は、**「そもそもこの商品はどういうものなのか？」**という大枠から説明をしていきます。

リクルートの求人情報誌を売るときの例を見てみましょう。

「当社は、週刊の求人情報誌を発行している会社です。
（見本誌を見せながら）ここに企業が広告を載せて、
それを見た人が直接企業に応募するという流れです。
いってみれば企業と求職者との橋渡しの役割です」

このように、「そもそも求人情報誌とは？」というところから始めます。お客さまがその商品をよく知らないことを事前のヒアリングで確認し合っているので、ここから説明を始めても失礼にはなりません。

むしろ、「まったく知らない自分のためにわかりやすく説明してくれているんだ」という印象を与えることができるでしょう。

逆に、商品のことをよく知っているお客さまに対して、このように「そもそも……」から説明し始めてしまうと、とたんに気を悪くしてしまうので気をつけなければいけません。それを確認するためにも正確なヒアリングが必要だということですね。

そして、お客さまの興味度合いに応じて、徐々に説明のレベルを上げていきます。つまり、説明の範囲をより具体的に狭めていくのです。

といっても、とくに難しいことではありません。

単に、この後お話する「知識レベルB→A」と順に説明していくだけです。

「3とおりの説明を覚えてください」と最初にいいましたが、実際には1とおりです。

説明を始める個所を、相手に応じて3つに分けて行うというのが正確なところです。

さて、この知識レベルCの説明で、お客さまが身を乗り出したり質問をし始めるなど、興味をもったと判断したら、次の知識レベルBに移ることになります。

逆に、知識レベルCの説明だけで、「ああ、それならウチはいらないよ」と断られたら、そこで商品説明は終了です。

「これ以上話すのはお互いに時間のムダだ」と感じたら、そこで潔く帰りましょう。

【知識レベルB】商品について少し知っている人への説明

次に、知識レベルB、つまりその商品について少し知っているお客さまに対する説明について見ていきます。

たとえばリクルートの例でいえば、「求人情報誌は使ったことがないけど、新聞の折り込みチラシはやったことがある」というお客さまなどがその対象です。

このような場合は、「そもそも求人情報誌とは……」という説明を省くことができます。むしろ、省かないとお客さまが知っていることをクドクドと説明することになり、かえって逆効果になってしまうことでしょう。

お客さまの知識レベルに応じて、ムダなトークを省くというのが、「しゃべらない説明術」の特徴です。

必要な人に必要なぶんだけ切り取って商品説明をする——。

いわば「思いやり」の感覚ですね。そうすることでお客さまと深い関係ができていきます。

説明を省略するということは、自分もラクになりますが、お客さまにとっても助かることなのです。

というわけで、ここでは「そもそも……」の部分を省略して、知識レベルBの人がこの時点で一番知りたがっている**「同業他社との違い」**から説明していきます。

もちろん、これは知識レベルCの人への説明を終えた後も同様です。

「（見本誌をめくりながら）ご覧のように求人情報誌は広告面積が大きいので、

より多くの情報を読者に伝えることができます。

また、このように雑誌ですから保存性が高いというのも特徴です」


このような感じで、自分の商品の優位性を説明します。

ここで重要なのは、お客さまが使っている媒体（この場合はチラシ）のことを**「悪くいわない」**ことです。

自分が使っているものをけなされたら、いい気持ちがしないのは当然ですよね。

あくまでも一般論としての優位性を伝えましょう。

ここでも知識レベルCの場合と同じように、お客さまが興味をもっていれば次の知識レベルAに、興味がないということなら、ここで説明を終えることになります。

興味があるかどうかを判断する目安は、何か質問をしてきたり、「それで？」と次の説明をうながす態度が出てきたときです。

【知識レベルA】商品についてかなり詳しい人への説明

　では、いよいよ最後、知識レベルA、つまりその商品についてかなり詳しいお客さまに対する説明の話に移りましょう。

　これは商品を過去に使ったことがある場合や、競合相手の商品を使っている場合などです。

　このような人に、「そもそも……」など最初から説明を始めてしまうと、もうその時点でアウトです。「この営業マンは使えない」というレッテルを貼られてしまうでしょう。

　このレベルの人に対しては、ほとんど説明が不要になります。このお客さまがこの時点で一番知りたがっていることのみに絞ればいいのです。

　というわけで、ここではいきなり**「自社商品の特徴」**から入ります。

「当社の特徴は、応募者の質の高さです。

（資料を見せながら）こちらをご覧ください。

このグラフは企業の応募者に関する満足度です。非常に高いですよね。

それに合わせて広告掲載のリピート率もこのように高い数値が出ています。

企業側にも満足していただいている結果だと思っています」


ここでも、競合他社との比較をするのではなく、**「自社のみの情報」**を語ったほうがいいでしょう。

比較をしてしまうと、どうしても他社を悪くいうことになりがちですから……。

そしてもちろん、知識レベルC→レベルBと来たお客さま、あるいは知識レベルBから来たお客さまにも同様の説明をします。


いかがでしょうか？

これが「しゃべらない説明術」のしくみです。

「でも、実際はしゃべっているじゃないですか？」

はい。よくそういわれます。

まあ、しゃべらないというのは誇張になってしまうかもしれませんが、要するに私がいいたいのは、**「ムダなことをしゃべらない」**ということなのです。

これによって、お客さまの知識のレベルに応じて説明することができます。

なお、ここでは知識レベルC〜Aと3段階に分けましたが、業種や商品の特性によっては5段階くらいに分けて説明をしたほうが有効な場合もあります。

とくに高額商品を扱う場合などは、段階を増やしたほうがいいケースが多いようです。

いずれにしても、このように説明を分けることで、

お客さまには「わかりやすく丁寧に説明してくれる」「自分に合わせて説明してくれる」

営業マンには「きちんとお客さまが聞いてくれる」「よけいな説明をしないですむ」

という効果が生まれます。

内向型の私自身にとって一番やりやすく、しかも効果が高かった方法なので、ぜひやってみてください。

このひと手間を加えれば、もうヒアリングは完璧！

何度もお話ししているように、ヒアリングで確認したのはお客さまの「知識」と「ニーズ」のレベルでしたよね。知識レベルに対する商品説明はここまでのところで見てきたとおりです。

そこで今度は、お客さまの**「ニーズ」**への対応についてお話しすることにします。

お客さまのニーズのレベルに合わせた説明は本当に重要です。

なぜなら、これを前述の「しゃべらない説明術」にミックスすることで、よりお客さまの心に届く説明をすることが可能になるからです。

ここはある意味で上級編になりますが、とくに相手の気持ちに敏感な内向型営業マンでしたら比較的容易にできると思いますのでご安心ください。

さて、ここでの一番のポイントは、**「商品のどこの部分に対してニーズがあるのか？」**

ということです。

たとえば、以下のような特徴をもったノートパソコンがあるとします。

●ＣＰＵの速度が速い
●軽さが世界一である
●デザインが斬新である
●ネットワーク機能に優れている
●画面が見やすい
●キーボードが打ちやすい

あなたはそれを売っている営業マンです。

お客さまにヒアリングをすると、どうやら出張が多いらしく、外出先で使うパソコンを探しているとのこと。職業はライターだということです。

このヒアリングでの情報を商品説明のときに加えてみると、次のようになります。

「こちらの特徴は、何はさておき軽さです。

いまあるパソコンのなかでは一番軽い商品です。

出張先などで使うことが多いとのことでしたので、これがオススメです。

また、ライターのお仕事ということは、入力作業が多いと思います。

その点でも、この商品は手が疲れにくいキーボードになっています」


いかがですか？

ヒアリングで得た情報を加えながら特徴を説明することで、よりリアルで説得力のあるものになっていると思います。

また、ここでのテクニックとしては、「出張先などで〜」や「ライターの〜」など、**「お客さまから聞いた言葉」**を使うことです。それによって、「あなたが先ほどいっていたことが、ここで解決できますよ」というメッセージになるのです。


もう1つ例をあげてみましょう。

ヒアリングでの情報によると、同じパソコンに対して、

「基本的にパソコンは家で使うのだけれど、たまに外にもち歩くこともある。主にインターネットで使うがゲームもやりたい」

とのこと。

この人に対しては、どのような説明がいいでしょうか？

「こちらは他の商品と比べてネットワーク機能が充実しています。ＣＰＵの処理速度も速いので、ネットやオンラインゲームなどもストレスなくできますよ。

また、画面も明るいので、ゲームなどの細かい文字も見やすいのが特徴です。

非常に軽いので、もち歩きもラクですよ」

このように、同じパソコンでも、お客さまのニーズによって説明を使い分けることができます。

パンフレットに載っている特徴をただ順番に説明するよりも、はるかに**「その人に向けた」**説明になっていますよね。

いかがでしょうか？

お客さまの知識のレベルに合わせて説明のやり方を分ける。
そして、お客さまのニーズに合わせて説明のポイントを変える——。

かつてダメ営業だった頃の私の説明とは天と地の差があることがわかりますよね。

商品説明というのは、営業マンが一方的にしゃべる作業ではなく、お客さまに合わせて、「知らない部分」だけを説明することなのです。そして、これをつきつめていくことで、ほとんど説明をしなくても売れる状態になるのです。

内向型営業マンにとっては、こちらがしゃべらなくてもお客さまが気持ちよく買ってくれるのは、まさに理想ですよね。ぜひ実践してみてください。

さて、商品説明に関する解説は、基本的には以上で終わりです。

ただ、ここまで来ると、私のなかに少し欲が出てきてしまいました。

そこでもう1つ、上のランクのテクニックもご紹介したいと思います。

お客さまの欲求を高める「沈黙」の魔術

お客さまが商品のどこに興味をもっているかがあらかじめわかっている――。

もし、そうであるなら、それは営業マンにとって最高ですよね。それを説明するだけでいいのですから……。

「そんなのは当たり前だよ。でも、それがわからないから難しいんじゃないか」

たしかにそうです。

私もずっとお客さまが何を聞きたがっているのかを探ろうとしてきました。いろいろと質問を変えたりしながらお客さまの反応を見たりもしました。

でも、なかなかうまくいきません。

ところがあるとき、ふとしたことから単純な方法を見つけたのです。

私はしゃべるのがヘタなので、ときどき言葉がつっかえたりします。

「次に何を話そうか」としばし考え込んだりもします。

その日も、手元のパンフレットを見ながら、「何か質問をしなくちゃ」と内心焦っていると、お客さまのほうから「ところで、これってどういう意味なの？」と質問をしてきました。

「それはですね。……です」と私が答えると、「なるほど、じゃあこっちは？」という具合に質問が続きます。

そのようなやりとりが何度か続きました。

すると、お客さまは納得したように「じゃあ、これにしようかな」と買ってくれたのです。

「え？」と私は意外に思いました。自分ではまったく商品説明をしていなかったのに、売れてしまったからです。

でも、ここであることに気づきました。

お客さまの質問に答えているときに、きちんと説明をしていたことに……。

「そうか！　説明ってこちらがしなくても、質問に答えるだけでもいいんだ！」

これってラクだな、と思いました。

当然の話ですが、お客さまが質問をしてくるというのは、それについて聞きたがっているということです。

「だとするなら、お客さまに質問してもらえるようにすればいいんだ！」

お客さまからの質問に答える——。

本来、どうしても受け身になってしまう私には、まさにピッタリでした。

「でも、質問ってなかなかしてくれないんだよね」

たしかに、実際には「何か質問はありませんか？」と聞いても、すぐにはしてくれないのが普通です。

でも、私は簡単に質問してもらえる方法を偶然、見つけました。

そのヒントは、先ほどのやりとりのなかにあります。

私が次の言葉を探しているときというのは、当然**「沈黙」**していました。

そう、その沈黙がお客さまの質問を引き出していたのです。

応接室などの密室のなかで、お客さまと営業マンが2人で黙っている光景を想像してみてください。必然的に重苦しい雰囲気になりますよね。

そんな空気はだれでも壊したくなるものです。そして、営業マンがしゃべりそうもないとわかったとき、お客さまは「何かしゃべらなきゃ」と思い始めます。

では、そのとき、その場で一番ピッタリくる話題は何か？

そう、それが**「質問」**なのです。

よく学校などで先生が「何か質問はないか？」と聞いてきたとき、生徒たちはとくに何もなければ知らんぷりをしていましたよね。

ところが、先生がそのまま黙ってしまったらどうでしょう？

生徒は「何か質問しないといけない」と思って、あわてて教科書などをめくりながら質問を考え始めたりしますよね。それと同じです。

今度お客さまといるときに、もしも会話が止まってしまったら、思いきって「沈黙」してみましょう。最初はドキドキするかもしれませんが、ちょっとだけ我慢してみてください。あるいは、会話の合間でも、たまに黙ってみるといいでしょう。

沈黙はお客さまに考える時間を与えます。
そして、じっくり考えてみて、「おやっ？」と思ったことが質問となって出てきます。

「沈黙」を使うことで、お客さまの「質問」を引き出しましょう。

そうすれば、お客さまの興味や疑問のポイントがわかるうえに、商品説明もピンポイントですることができます。

黙っていることに慣れてしまえば、こんなに簡単な方法はありません。とくに無口な内向型なら一石二鳥ですよね。

さあ、以上でこの章は終わりです。

ここでお話しした、相手によって説明のやり方を変えるという方法は、じつはインターネットの普及も関係しています。

現在では、お客さまは商品について知りたいときにいつでも簡単に調べることができます。かつては営業マンがもってきたパンフレットにしか書かれていないようなことも、すべてネットで見ることができるのです。

したがって、営業に行くときは、「お客さま自身が商品について詳しく知っているかもしれない」という前提で臨まなければいけません。

それにもかかわらず、相変わらず昔のマニュアルどおりに、だれにでも商品説明をダラダラとやってしまったら……。

結果は見えていますよね。

そう考えると、営業マンの役割も変わってきているといえます。単なる商品説明係の時代は終わりました。もっとお客さまのことを知ったうえで、的確に提案できる営業マンが生き残っていくのだと私は思っています。

長々とした説明はいっさい不要——。

その意味でも、内向型営業マンにとって追い風が来ているといえるのです。

第6章

いっさい売り込まないのに「YES」を引き出せる！

ステップ5【クロージング】

内向型には内向型に合ったクロージング法がある

さあ、いよいよ最後のステップ**「クロージング」**です。

心の準備はいいですか?

すでに「アポ取り」から「訪問」「ヒアリング」、そして「商品説明」まで終わりました。

でも、お客さまはまだ**「買う」**という決断までには至っていません。

では、どうすればいいのでしょう?

「よし」と気合を入れて、姿勢を正し、お客さまの目をグッとにらんで最後の説得に取りかかる――。

あなたは、クロージングというと、そんなシーンを思い浮かべていませんか?

とにかく根性で粘って頼み込んで頭を下げて、最後は泣き落とし。

売れない時期の私はずっとそう思っていました。

そして、いつも商談の終盤にさしかかると、気が重くなっていたものです。

「ああ、そろそろクロージングだ。でも、お客さまの目を見て説得するのはイヤだなあ」

そんな気持ちでやるものですから、実際にはうつむき加減になりながら小さな声で、

「絶対にお得だと思いますよ。しかも、いまキャンペーン中なので10％オフになります」

などといっていました。

何とも自信なさげなクロージングですよね。

でも、もしあなたが内向型営業マンなら、似たような思いをしているのではないでしょうか？

そもそも人に対して強く当たれない性格なのに、それとは正反対のことをしようとしても、うまくできるはずがありません。何よりも、ムリをしている姿はお客さまにも見透かされます。

それでも売れない頃の私は、

「自分のトークがヘタなせいだ。もっともっと練習しないと！」

とひたすらトークを暗記して、実戦で玉砕するということの繰り返しでした。

精神的にも苦痛なうえに、さらに私にのしかかる「売れない」という現実から来るプ

レッシャー――。

もう思い出しただけでも胃がシクシクし始めます。

そんな私を「クロージング地獄」から救ってくれたのが、序章でも登場したリクルートのときのH先輩です。彼の営業を何度も見ているうちに、私のなかのクロージング像が大きく崩れていきました。

●「それでしたら、こうすれば問題ないですよ」（やさしい口調）
●「まあ、他の会社とも比較してみてくださいよ」（売り込まない）
●「ちなみにこういう例があるんですが」（資料を見せて黙る）

「これで本当に大丈夫なの？」と心配そうに見ている私の隣で、H先輩は余裕の表情。

実際、次々に注文が取れていくのです。

こんなに気合の入っていないクロージングは見たことがありませんでした。

私がそれまでイメージしていた「気合」「根性」「強引さ」で臨むクロージングとは正反対だったのです。

ステップ５［クロージング］の全体図

クロージングの前提

- 商品説明をした後でもお客さまがまだ決断しない場合

▼

クロージングの事前準備

- お客さまの「買わない理由」を想定する
- 商品の欠点を「売れる」決め手に変える
- お客さまが思わず食いつく「事例」を用意する

▼

最後の決めのポイント

- 「マイナストーク」を使う
- 最後の決め言葉「魔法のセリフ」を使う

▼

ゴール　成約達成！

クロージングは説得の場ではなく、「買わない理由」を取り除く作業そして、そんな先輩を見ているうちに、私のなかにある考えがひらめいたのです。

「ん、待てよ。正反対ということは、もしかしたら内向型の自分のままでいけるってこと？」

事実、先輩のクロージングスタイルは、ズバリ内向型人間のものでした。

そこで、このことをキッカケに、私は自分にムリをすることをやめて、内向型の性格に合ったクロージング法を考え始めたのです。


さて、この章では、そんな**「内向型の人でもできるクロージング法」**を紹介します。

そして、これは従来の「気合」「根性」「強引さ」の対極にあり、しかもより効果が高いことをお約束しましょう。

とくに事前に準備しておく3つのポイント（前ページの図参照）を押さえておけば、ムリにしゃべらなくても、強引にお願いしなくても、お客さまのほうから自然に「YES」といってくれます。

さあ、あなたもぜひ、このスマートなクロージング法を身につけてください。

クロージングで説得するのはかえって逆効果!?

先に「内向型には内向型に合ったクロージング法がある」といいました。

でも、あなたのなかには、次のような疑問があるかもしれませんね。

「説得しないで本当に売れるの？」

「最後はお願いしないと不安です」

「でも、やっぱりクロージングは多少でも強気にいかないとダメなんじゃないの？」

そう思われるのもムリはありません。私も最初は不安でしたから……。

でも、何度かやり続けていくうちに、その不安は消えていきました。それどころか、むしろ説得したりするほうが「売れない」ことにも気づいたのです。

その理由の1つは、「時代の変化」にあります。

いま、私たちの身のまわりは**「売り込み」**であふれています。

テレビからはCMが流れて「買ってくれ！　お得ですよ！」と1日中叫んでいます。

街を歩いていても、電車に乗っていても、常に何かを売るための広告でいっぱいです。ポストを開けるとDMが山ほど入っています。インターネットやメールでも、毎日洪水のように「売り込み」が来ています。

私たちは、ただ生活しているだけで、いつも営業されている状態だといえるでしょう。もはや売り込みをされることに慣れきっている、つまり、ある意味で**「営業されるプロ」**なのです。

そんなプロを相手に「カビの生えたクロージングトーク」を使っても、すぐにその真意を見透かされて、マイナスイメージを与えてしまうだけです。

もう、いまではかつての**「決めゼリフ」**も通用しないようになっているのです。

あなたも、昔の営業マニュアルのとおりにしゃべっても、なかなかうまくいかなかった経験がありませんか?

以前はそのトークでバンバン売れていたのに、いまではなぜか通用しなくなっている。

その原因は、「営業トーク」そのものにお客さまが慣れてしまって、**「またこのパターンか」**と思われているからです。

説得やお願いにも簡単には応じてくれなくなっているのは、そのためなのです。

そこで私は説得をやめる代わりに、次のことをやるようにしました。

そして、実際に「売れる」ようにもなったのです。

では、私は何をやったのか？


それは、いかにお客さまの「買わない理由」を取り除くか、ということでした。


「商品説明を終えてもお客さまが『YES』といわないのは、どこかに疑問や不安があるからに違いない。だとしたら、その『買わない理由』を取り除くことができれば、どんな方法でもいいのではないか？」

と思ったのです。

次ページの図をご覧ください。

単にメリットを積み上げるよりも、「買わない理由」を取り除いたほうが、結果として売れるということがおわかりいただけると思います。

ただし、それにはやり方があります。

次の節から、詳しく見ていくことにしましょう。

「クロージング」の本当の意味

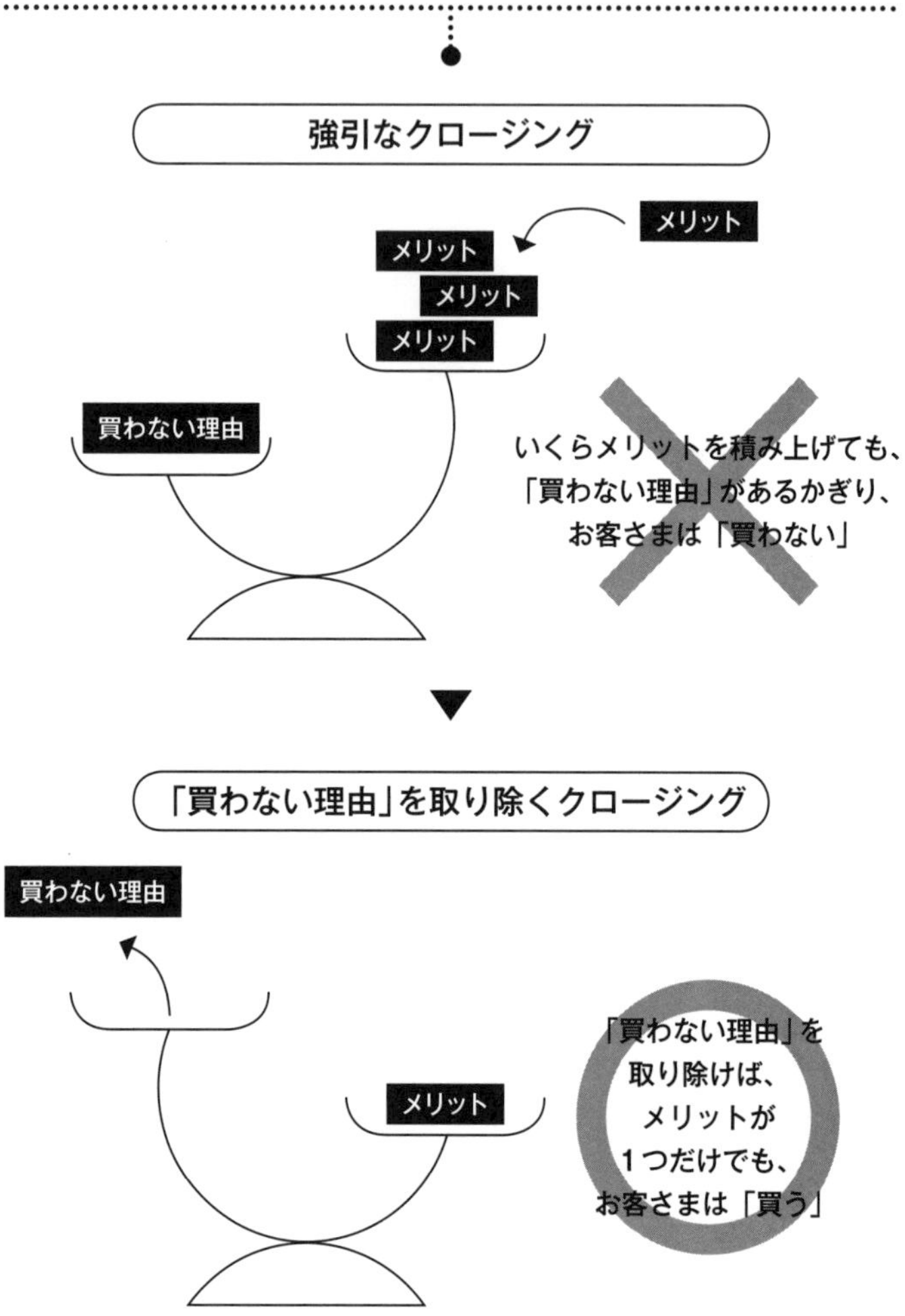

強引なクロージング
メリット
メリット
メリット
メリット
買わない理由
いくらメリットを積み上げても、
「買わない理由」があるかぎり、
お客さまは「買わない」
「買わない理由」を取り除くクロージング
買わない理由
メリット
「買わない理由」を
取り除けば、
メリットが
1つだけでも、
お客さまは「買う」

【クロージングの事前準備①】
お客さまの「買わない理由」を想定する

ここで、あらためて195ページの図をよくご覧になってください。

図の中段に**「クロージングの事前準備」**というタイトルがあって、枠のなかに何をするかが書いてありますよね。

そうです。ここに書いてある3つの方法を実践すれば、自然とお客さまの「買わない理由」を取り除くことができるのです。

ここに掲載している3つの方法は、お客さまを口で説得できない私ならではのものです。そして、これからの時代にもマッチした方法だと思っています。

さっそく説明していくことにしましょう。

まずは、**「お客さまの『買わない理由』を想定する」**についてです。

内向型の特徴の1つに、「冷静にものごとが判断できる」というものがあります。

この内向型の性格は、じつはクロージングの場面で強力な武器になるのです。

ここで、あなたが扱っている商品をあらためて見てみてください。

もちろん、商品となっているからには、他にはない特徴やメリットがあるはずです。そして、そのメリットはパンフレットやトークなどで使われていると思います。

しかし、どんなに優れた自慢の商品でも、お客さまの目には**「デメリット」**と映る部分が必ずあるのも事実です。まったくデメリットのない商品なら、営業マンなどいりませんからね。

商品を開発した人たちやそれを承認した幹部の多くは、その商品のメリットしか見えていません。愛着もあるので、たとえ欠点がチラッと見えたとしても目をつぶってしまいます。

「薄型コンパクトでもち運びに便利！」
「耐久性バッグンで水にぬれても大丈夫！」
「充実の10年間補償付き！」

パンフレットにも、これでもかとメリットが書かれています。

ところが、どんなにメリットを伝えたとしても、売れないときは売れないもの。

営業経験のあるあなたなら、よくわかっていますよね。

お客さまはメリットが気に入らないわけではなく、何か**「別の理由（デメリット）」**で買わないのです。

機能もデザインもすばらしいパソコン。

それを見て欲しくてしかたがない。でも買わない。メリットは充分気に入っているけれど、欲しい色がなかった……。

つまり、この場合の「買わない理由」は「欲しい色がない」ということになります。

この「欲しいけど買わない」というのは、だれでも経験しているはずです。

そんなとき、お客さまの「買わない理由」をあらかじめ知ることができたらどうでしょうか？

パソコンの例でいうと、事前にお客さまが望んでいる色を知っていたらどうですか？

当然、それを在庫にしておけば売れますよね。

ここがポイントです。

「買わない理由」を想定しておいて、それを解決する手だてを用意しておく——。

そうすれば、黙っていてもお客さまは買っていくようになると思いませんか？

「でも、そんなこと事前にわかるわけないよ」

と思われるかもしれませんね。もし、あなたが普通の人だとしたら……。

でも、内向型のあなたなら、それが比較的簡単なことだと気づくでしょう。

そうです。

お客さまの「買わない理由」、つまり**「目に見えないデメリットを見つけるのは、内向型の人のほうが得意」**なのです。

どちらかというとマイナス思考の内向型は、まわりのみんなが長所にばかり気をとられていても、1人冷静に欠点を見つけてしまう傾向があります。私自身、たまにそんな自分がイヤになりますが……。

それをクロージングで応用すれば、お客さまは「買わない理由」がなくなって、気持ちよく買ってくれるのです。

内向型のマイナス思考でお客さまの視点になって見てみると、

「安いのはいいんだけど、安すぎて不安だ」
「薄すぎて大丈夫かなあ」
「展示品処分ってどこか壊れているんじゃないの？」
などが出てきます。

これらの疑問や不安に対する答えをあらかじめ用意しておくというのが、ここでのポイントです。

１つの商品に対するお客さまの疑問や不安というのは、ある程度決まっています。何人かに営業していれば自然に出てくるものです。

とくに内向型の人は、人から文句をいわれることに敏感なので、お客さまの疑問や不安、つまり「買わない理由」をキャッチすることを得意としています。それをそのままクロージングのトークにすればいいのです。

たとえば……。

●「安いのはいいんだけど、安すぎて不安だ」――「流通ラインを見直して中間コストを削減しているのです」といって、流通経路の図を見せる

●「薄すぎて大丈夫かなあ」――「この鉄板をご覧ください。実際になかで使われているモノです」と現物を見せる

●「展示品処分ってどこか壊れているんじゃないの？」――「たしかにいろいろな人が触わっていますが、そのぶん5年補償が付いています」といって証明書を見せる

これを見ていただければわかるように、「買わない理由」を取り除く際には、トークだけではなく**「現物」**とあわせて行ったほうがベターです。

「なかには丈夫な鉄板が入っているので大丈夫です」とトークだけで説明するよりも、現物の鉄板を見せて「これが入っています」といったほうが伝わりやすいですよね。

何より、自分でしゃべらなくても、モノが勝手に伝えてくれます。

しゃべりが得意ではなかったら、代わりにしゃべってくれるモノを用意する――。

これも内向型営業マンの鉄則なのです。

私の場合、その場でお客さまからの質問や疑問に答えるというのは、本当に苦手なことでした。

頭では理解しているのですが、それを上手に口で説明できずにしどろもどろになってしまい、自信なさげな印象を与えてしまっていたのです。

そこで思いついたのがこの方法です。

お客さまから質問されそうなことをピックアップして、それに応じた答えを準備しておけば、その場であわてずに答えられます。すでに解答がわかっているクイズに答えるようなものなので、冷静に対応できるのです。

その落ち着いた態度はお客さまに「頼れる営業マン」という好印象を与えます。

あなたも、自分の扱っている商品やサービスをもう一度じっくりと見つめ直してみてください。

そして内向型のネガティブな視点で見つけたお客さまの「買わない理由」を解決してから客先に臨みましょう。そうすれば、もうどんな質問が来ても怖くなることは間違いありません。

【クロージングの事前準備②】

商品の欠点を「売れる」決め手に変える

それでは、クロージングの事前準備の2つめの方法、**「商品の欠点を『売れる』決め手に変える」**について説明することにしましょう。

あなたには、営業をしていて、「これを聞かれると困る」というポイントがありませんか？

できれば触れられたくない個所です。

でも、じつはそのウイークポイントこそが、「売れる」決め手になるのです。

私がリクルートにいた当時はＤ誌というライバル会社があり、いつもそこと争っていました。同じサイズの週刊誌で、広告面のつくりもほぼ同じ。駅の売店や書店などでも並べて置かれていたのですが、唯一大きな違いがありました。それは「広告料金」です。

Ｄ誌の１ページの料金が当時50万円だったのに対して、リクルートは１００万円。

広告を載せる企業側にとっては、とても大きな要素です。

営業に行くと、当然のようにこういわれました。

「おたくでやりたいんだけど、D誌は半額だからねえ」

売れない時期の私はこれに対して、

「そうですよねえ。高いですよね。でも、内容はいいので買ってくださいよ」

などと苦しい応対を繰り返していたものです。

最初はその料金設定に不満をもっていて、D誌に負けて帰ってくると、「こんなに高くちゃ売れないよ」と社内でグチばかりいっていました。

ところが、売れる人はしっかりと売っています。しかもD誌と競合しても売ってくるのです。

「いったいどうやっているんだろう？」

そこで私はD誌とぶつかったときの営業法を、売れている人から聞き出し、それを自分流にアレンジしてみたのです。

具体的には、次のような流れになります。

お客さま：「でも、おたくのは高いからねえ。D誌だと広告が2回出せるんだよ」

営業：「そうですね。どこでもそういわれます」**（お客さまに同意する）**

営業：「ただ、私たちは広告の面積を売るのが仕事ではありません。先ほど、将来幹部になってくれるような人が欲しいとおっしゃっていましたが、まさにそういう人とこちらの会社を結びつけるのが私どもの仕事です」**（広告面積の問題ではなく、いい人材の採用が目的だという求人情報誌の本質を伝える）**

お客さま：「なるほど」

営業：「それとこちらをご覧ください」**（資料を出す）**

営業：「これはリピート率を表したグラフです。このように一度広告を出された企業は、その後も平均して約3回広告を出しているという結果です。これは満足できる効果があったから何度もリピートしているといえますよね」**（効果が期待できることを伝える）**

ここでいくら営業マンが「効果が高いです」といったところで、お客さまの心には届きませんが、**「客観的な事実のみ」**を資料で見せることにより、効果の高さを伝えることができます。

お客さま：「なるほどねえ」

営業：「ちなみにこちらなんですが」**（過去の事例を見せる）**

営業：「この広告で、こんなキャリアの人が採用になっています」**（他社の成功事例とそのとき採用された人物のキャリアを見せる）**

お客さま：「ほう、この広告で……」

営業：「………」**（黙ってお客さまの言葉を待つ）**

そして最後に、

「求人は広告を載せることが目的ではありませんよね。欲しい人材を採用するのが目的だと思います。まあ、広告なので絶対採用できるとはいえませんが、これらの実績を見て判断していただければと思います」

といって、そのまま帰ってしまいます。

すると、その日の夕方電話が入って、

「よく考えたけど、やっぱりおたくでお願いするよ」

とお客さまから注文が入るのです。もちろん値引き交渉などはいっさいなしで……。

これはその後の私の必勝パターンになりました。

商談をしているときにお客さまから「値段が高い」といわれると、心のなかでガッツポーズをしていたくらいです。

商品によって違うので、すべてがこのパターンに当てはまるというわけではありませんが、念のため、ここでのポイントを見てみることにしましょう。

●お客さまの「買わない理由」にまず同意する

↓

●お客さまの意見に反論するのではなく視点を変える（本質を伝える）

↓

●その本質の裏づけをする（資料などを使う）

↓

●さらに事例を見せる（成功イメージを与える）

↓

●最後はお客さまに決めてもらう

という流れです。

いかがですか？

このように商品の最大の欠点を克服するパターンをつくってしまえば、逆にそれが最大の武器になるのです。ボクシングでいうところのクロスカウンターですね。

その際のポイントは、**「できるだけ言葉数を少なくする。そして、そのための資料やツールを用意しておく」**ということです。

とくにツールは充分な時間をかけて万全なモノをつくりましょう。このクロスカウンターツールをつくるのに、たとえ1カ月かかったとしても、その後の受注のしやすさを考えれば、充分におつりがくるでしょう。

営業は「売れるかどうかは行ってみなければわからない」というものではなく、「売れる」確率を最大限に上げてから行くものです。

また、営業マンが100回説明するよりも、効果的な資料を1回見せたほうが確実にお客さまの心に届きます。

その意味でも、この方法はまさに口ベタな営業マン向きですよね。

【クロージングの事前準備③】

お客さまが思わず食いつく「事例」を用意する

黙って見せれば買ってくれる――。

内向型営業マンにとっては、とても魅力的ですよね。

ここでは、そんな**「営業ツール」**の話をすることにします。

すでにここまでのところでもいろいろと登場してきましたが、あなたは「営業ツール」にはどんなものがあるかをご存知ですか？

会社案内、商品パンフレット、料金表、名刺、チラシ、新聞や雑誌の記事など、いろいろありますよね。また、前に出てきた「鉄板」などのアイテムも営業ツールです。

つまり、営業マンの「売る」ことを助ける「モノ」はすべて営業ツールといえるのです。

なかでも私が一番オススメしたいのは、**「事例」**です。

「なんだ事例か。そんなのいつも使っているよ」

と思った人も多いでしょう。それくらい事例はよく使われているものです。

でも、本当の意味でそれを活かして使っているケースは、私の知るかぎりあまり見当たらないのも事実なのです。

私がリクルートで全国のトップになったときの話です。

担当エリアのなかに中堅の建設会社があり、私はそこにアプローチをかけていました。といっても、近くを通ったときなどに、チラシを受付に渡してくるだけという単純なものです。それを何度か繰り返していました。

するとある日、そこの社長から電話が入り、「広告を載せたいので来てくれ」とのこと。しかも、「１ページの広告を出したい」との注文です。

これは幸運以外の何ものでもありません。ほとんど私は何もしていないというのに、１００万円の売上げが上がったのも同然なのですから……。

売れないときの私なら、小躍りしてそのまますぐに出かけていったことでしょう。

しかし、その頃の私は、考え方が変わっていました。冷静に先のことを見据えて、「２日後に行きます」といって電話を切ったのです。

約束の当日――。先方に到着すると、社長はハンコをもって待っていました。早く求人募集をしたいと焦っているようでした。

そこで私は、

「1ページ広告のご注文ありがとうございます。さっそくですが、誌面をつくるために少しおうかがいしますが、どんな人に来てほしいと考えていますか?」

と社長の望んでいる人物像についてヒアリングしました。

ここは初回訪問の場面なので、本来なら場を温める作業が必要なのですが、社長が急いでいると判断してヒアリングから入ったのです。

そして、ひととおり話を聞いたうえで、私はおもむろにこう切り出しました。

「ところで、こちらの会社をご存知ですか?」

取り出したのは、過去に求人募集をしていた建設会社(社長の会社と同規模)の広告です。

「ああ、知ってるよ。ここも出してたんだ」

と社長は広告を手に取りながら、

「それで、だれか採用できたの?」

私はすかさず１枚のプリントを出しながら、

「こんな方々が採用されたようです」

そのプリントには、見ただけで優秀とわかる経歴が書かれていました（もちろん、名前などは伏せています）。

「２カ月前に入社したのですが、もう即戦力として働いているそうですよ」

「こんな人が来たんだ……」

社長は驚きを隠せない様子で広告を見つめていました。

その広告は１ページではなく２ページ、つまり見開きのものでした。

「ちなみに、このときは２週連続で出していました」

といいながら、私はもう１枚の見開き広告を出しました。

「………」

それを黙って受け取る社長。

私も無言で次の言葉を待っています。

「これをやれば同じような人が来るかな？」

しばらくして社長がつぶやきました。

「絶対とはいえませんが、可能性は高いと思います」

また少し考えた後で社長はいいました。

「よし、これでやろう！」

「2ページを2週連続でいいですか？」

「そうだ」

「わかりました。ありがとうございます」

こうして私は2ページの見開き広告を2週連続で受注することに成功したのです。当時の金額で約400万円の売上げでした。


どうでしょう？

これが「事例」の効果です。

最初に注文の電話が来たときに、そのまま何ももたずに行っていたら、おそらく1ページの広告だけで終わっていたでしょう。あのとき2日後にアポを取ったのは、その間に「事例」を探すためでした。

そのとき私が考えたのは、

「注文が来たのはうれしいけれど、聞けば施工管理技術者を募集したいとのことだ。かなり採用が難しい職種になる。

それを1ページの広告だけで採用できるだろうか？

ムリかもしれない。

広告を出してダメだったらお客さまのお金もムダになってしまうし、何よりもリクルートの広告媒体に信用がなくなって、その後のつき合いもなくなるだろう。

それを避けるためには、もっと大きな広告で募集をかけたほうがいい。でも、それを説得するのは困難だ。

よし、同業で2ページの広告を出して『**成功している事例**』を探してもっていこう」

ということでした。

ここにも心配性な性格が出ていますよね。

そうして規模や立地など細かい条件にもこだわって、やっとのことで事例を探し出しました。さらに、その会社を担当した他の営業所にいたリクルートの営業マンをつかまえて、採用の状況や先方の感想などを聞き出しました。そうして準備万端整えてから出かけていったのです。

私のなかでは準備が整った時点で、もう**「売れるシナリオ」**が完成していました。

ここで、この事例を使ったときの私のセリフをもう一度見てみてください。

ほとんどしゃべっていないのです。ムリな説得も何もしていません。

まさに内向型営業マンにとっての理想のカタチです。

実際、このときの営業の場では何の苦労もしませんでした。

しかも、そのときは料金交渉すらされなかったのです。私が金額を記入した申込書に、社長は何もいわずにハンコを押しました。おそらくこの時点で、社長は理想の人材が採用できることだけをイメージしていたのだと思います。

幸いなことに、この求人広告は大成功。何人かの優秀な社員が採用され、続けてさらに何度か追加の注文までいただくことができたのです。

私も売上げが上がり、お客さまも大喜び。そして、これが決め手となって、私は営業達成率で全国のトップになることができたのです。

いかがでしょうか?

お客さまが思わず食いつくような事例を1つもっていくだけで、黙っていても買ってもらえるようになるのです。

私のように目に見える事例がなくても、お客さまの**「生の声」**などをまとめたものでも立派な事例になります。**「お客さまインタビュー」**をビデオに撮ってもいいかもしれませんね。

あなたの商品に合わせて、あなたなりの事例をつくって、ぜひとも最強の武器にしてください。

事前準備をして臨めば、黙っていてもお客さまは「買う気」になる！

ここで、これまで私がお話してきたことを整理してみましょう。

① お客さまが「買わない理由」を想定して、それを解決する手だてを用意しておく

② 最大のウイークポイントに対して、万全の態勢で迎え撃つ
③ お客さまが思わず食いついてしまう「事例」をもっていく

以上の3つを準備しておくだけで、あなたの受注率は大幅にアップするでしょう。

ここで、

「こんなすごいものが用意できれば、売れて当然だよ」

そう思ったあなた。

では、いますぐやってみてください。とことん時間をかけて用意すればいいのです。

ムリなクロージングをするよりも、はるかに効率がいいことが実感できるはずです。

もうおわかりかと思いますが、そもそもクロージングというのは、その場でどうにか対処するものではありません。

事前に準備しておくものなのです。

そして、その準備が完璧に近いほど、契約が決まる確率は高くなるのです。

とくにお客さまが興味のある資料をもっていけば、それを見せるだけで勝手に納得してくれます。

お客さまが自分自身を頭のなかで説得し始めるのです。

こちらはそれを黙って見ているだけ。

もう、慣れないトークの練習をする必要もなくなります。

これからのあなたの努力の方向は、自分の性格をムリに変えることではなく、**「いまの性格のままで売れる方法」**をつくることに向けていくべきなのです。

あなたの信頼度を一気に高める「マイナストーク」のススメ

クロージングは事前の準備が何よりも大切――。

あなたにも、充分にご納得いただけましたよね？

でも、それでも絶対とはかぎりません。まだお客さまは「どうしよう」と迷っていたりする場合もあるものです。

では、どうすればいいのか？

そんなとき、私がいつも使っている一言があります。


ズバリ、「マイナストーク」です。


これは聞いたことがある人もいるでしょう。**「デメリットトーク」**ともいいますね。

たとえば、次のような感じです。

「ただし、これは水に弱いので、外では使えません」

「一応全国を網羅していますが、ただ1つ北海道だけはつながりません」

「1つだけ欠点があります。それは○○です」


つまり、自分が売ろうとしている商品の欠点をあえていうのです。

一般にお客さまは、「営業マンはいいことばかりいうから、逆に信用できない」と心のどこかで思っているものです。

とくに商品説明などでメリットばかりを聞かされると、「そんなにいいことばかりじゃないだろう？」と警戒心が働き始めます。

そんなお客さまのガードを一瞬で下げるには、この「マイナストーク」が有効です。

普通だったら売れるまで隠しておきたいようなことをいうことで、お客さまは「正直な人だ」と判断してくれます。

つまり、営業マンの言葉の信頼度が一気に上がるのです。

さらにいうと、いい部分も悪い部分もありのままを伝えて、後はお客さま自身に判断してもらうというスタンスなので、後々のクレームが激減します。

何よりも「マイナス情報を伝える」という行為そのものが、あなた自身をリラックスさせてくれます。

これはぜひ一度やって体感してみてください。

禁句だと思っていたことをいってしまうと、何だかホッとできるのです。

これは「正直でありたい」という気持ちの表れだと思います。とくにウソをつくのが苦手な内向型の人にはオススメのトークです。

最後に一言いうだけで大きく差がつく「魔法のセリフ」とは？

クロージングまで残りわずかのところまで来ているのに、まだお客さまは迷っている。

いつまでも煮え切らないで「うーん」と唸っているだけ。

ありますよね。こちらもどうしたらいいのか一緒に悩んでしまうこと。

そんなときに有効な一言があります。

しかも、それは営業マンらしくない人がいうほど有効です。


その一言とは、「やりましょう」です。


扱う商品の性質によっては「使いましょう」とか「導入しましょう」になります。

つまり、購入を勧めるセリフです。

「え？　これって積極的なセリフじゃないか。いままでいってきたこととは違うぞ」

そう感じたあなた。大正解です。

ここまではずっと内気なスタイルで通してきました。

ムリに勧めることも強引に売り込むこともしない――。

そんなあなたに対してお客さまは、信頼感を高めてきています。

そこへ、強気のこのセリフ「やりましょう」を使うと、どうなるでしょうか？

いったとたんに警戒されてしまう？

いえいえ、その反対です。


「この人がこんなに勧めてくれるのなら間違いない」と思ってくれるのです。


実際、私はこのセリフで何度もクロージングに成功してきました。

これが、最初から営業マンっぽさ全開で接していたら、このセリフをいっても何のインパクトもないでしょう。ずっと内向型のスタイルでアプローチしてきた営業マンが最後に使うからこそ効果があるのです。

「でも、やっぱり強引にいくのは気が引けるなあ」

と思っている方もいるでしょう。

でも、これはじつはお客さまを思いやってのセリフなのです。

お客さま、とくに日本人のお客さまというのはとてもシャイです。自分ではいいと思っていても、1人では決めきれない人が多いのです。もっというと、迷っているお客さまは、**「自分の背中を押してくれる言葉」**を待っていたりするのです。

そういう人に対して、こちらも最後まで「待ち」のスタイルでいると、逆に「あまり勧めないけど、商品に自信がないのかな」などと思われてしまいます。

その意味でも、少しだけ勇気を出して「やりましょう」といってあげましょう。

後は黙っているだけ。ほとんどの場合、お客さまは行動を起こしてくれるはずです。

内向型だからできる！
それでも「NO」といわれたときの対処法

どんなに完璧に準備をしていても、現実にはすべてのお客さまから「YES」の返事をもらえることは、まずありません。どんなに優秀な営業マンであったとしても、必ずどこかで「NO」といわれる場面はあるでしょう。

じつは、そのときこそ、営業マンの真価が問われるのです。

あなたがお客さまに「NO」といわれたらどうしますか？

ガラにもなく、しつこく粘って食い下がりますか？

「でも粘るのが営業でしょ？」

と思っているあなた。正しい答えは**「帰る」**です。

ガッカリしましたか？

「これでは売れないじゃないか」

と思いますよね。

いいえ、潔く帰ることこそ、売上げアップにつながるのです。

私がある企業の営業マンに同行しながらセールストレーニングをしていたときのこと。

その企業はショップ向けの顧客管理システムを扱っていました。

お客さまのところへ行って話をしていると、そのシステムはこのお客さまの会社の業態には合わないことがわかりました。お客さまはシステム自体をとても気に入ってくれていたのですが、こればかりはどうしようもありません。

ここで粘ってもしかたがないので、私たちは潔く帰りました。

するとその日の夜、そのお客さまから電話が入ったのです。

「さっきのシステムだけど、知り合いで顧客管理に困っている人がいるんで紹介したい」

別に「だれかを紹介してください」などとは頼んでいないのにもかかわらず、そのお客さまは自ら電話をしてきてくれたのです。

こんなにうれしいことはないですよね。

でも、これってどういうことなのでしょうか？

まず、そのお客さまは商品のよさを充分理解していました。自分でも使いたかったのですが、会社の業態と仕様が合わないことがわかりました。

そして、営業マンである私たちも、仕様が合わないとわかった時点で、ムリな売り込みや説明をいっさいやめました。実際に粘ってもしかたがない場面ですよね。だからスパッと切り上げたのです。

その行為自体が、**「この営業マンは、こちらのことをちゃんと理解してくれているんだ**

な」という印象につながったのでしょう。それで「じゃあ他の人を紹介しよう」ということになり、実際に別のお客さまに売れたのです。しかも、紹介なのでラクラクと。

これはうまくいきすぎた例ではありますが、たとえ紹介まではつながらなくても、そのお客さまには好印象が残ります。それも立派な営業成果なのです。

私はセミナーなどで、「接したすべてのお客さまに好印象を与えるようにするべきです」とよくいっています。それは、もちろん売れないとわかっているお客さまも同じです。

何も善人になれということではありません。

「悪評」が怖いのです。

お客さまも、売れないからといって手のひらを返したように冷たくする営業マンに好印象はもちませんよね。悪くすると、その印象は営業マンだけにとどまらず、商品や会社に対するマイナスイメージにもなってしまいます。しかも、尾ひれをつけて話が大きくなることもあります。

営業に行くたびに悪評のタネをばらまいていてはダメですよね。

それよりも、将来大きな木になる可能性もある**「好印象のタネ」**をまきましょう。

大切なことなので、もう一度いいます。

売れないとわかった時点で、潔く引き下がりましょう。

仮に商品説明をしている最中だとしても、途中でやめるのです。

たまにお客さまが「いらないよ」といっているのに、最後まで商品説明をしようとする営業マンを見かけますが、これは単に迷惑なだけです。

そんな強引な営業マンなど、どんなに商品がよくてもわざわざ自分の知り合いに紹介しようとは思いませんよね。「安心して紹介できる営業マンだ」と思われたほうが何倍もいいのです。

さて、この章ではクロージングを見てきました。

一般のクロージングのイメージとはだいぶ違っていたのではないでしょうか?

でも、これこそが内向型営業マンに最適な方法だと私は思っています。

後はあなたが自信をもって、素のままのスタイルを貫き通すだけです。

自分にムリをしないことこそ、**「売れる営業」**になる秘訣なのです。

終章

だから内向型営業マンには無限の可能性がある！

「ステップ営業法」があなたの運命を変える！

ここまで本当にお疲れさまでした。

「ステップ営業法」、すなわち「アポ取り」から「クロージング」までを一気に解説してきましたが、いかがでしたでしょうか？

一連の営業の流れとしては、売れている人が必ずやっている基本をベースにしていますが、要所では内向型に特化しているので、少し常識とは違う部分もあります。

でも、これを実行することで、内気で口ベタな私でもストレスなく「売る」ことができるようになったのです。

ぜひ、これをあなた自身のものにしていただきたいと思います。

大切なのは、**「全体の流れ」**をきちんと理解することです。

そのポイントを次ページにまとめたので、ここでもう一度確認してください。

これをマスターすることで、確実に次のような効果が得られるでしょう。

「ステップ営業法」の全体図（まとめ）

ステップ	内容	ゴール
ステップ1 アポ取り	**PART ① TEL** ニーズの確認／資料送付の許可／担当者名を聞く **PART ② FAX** 資料送付／事前に業務内容を伝える **PART ③ TEL** 担当者にニーズの確認／アポを取る	アポ取得！
ステップ2 訪　問	**●訪問前の準備が決め手** お客さまのホームページをチェック／お客さまの所在地の周辺情報をチェック **●訪問後のあいさつ** 名刺交換のポイント／座り方のポイント／お客さまにしゃべってもらう話題のポイント **●まず最初に伝えておくこと** 訪問目的／商品概要／会社概要	お互いの緊張を解いてリラックスする
ステップ3 ヒアリング	**●３段階ヒアリング法** 現状確認の質問／課題発見の質問／意思確認の質問	お客さまの「知識」のレベルと「ニーズ」のレベルを知る
ステップ4 商品説明	**●しゃべらない説明術** レベルC～Aへの説明 **●ニーズの情報を加える** お客さまのニーズに合わせて説明／リアルな説得力を生む	お客さまのレベルに合わせた商品説明をする
ステップ5 クロージング	**●クロージングの事前準備** お客さまの「買わない理由」を想定する／商品の欠点を「売れる」決め手に変える／お客さまが思わず食いつく「事例」を用意する **●最後の決めのポイント** 「マイナストーク」を使う／最後の決め言葉「魔法のセリフ」を使う	成約達成！

●冷たく断られるストレスから解放される

とくに電話でのアポ取りに関しては、冷たく断られるケースが激減するでしょう。怒られるのが怖くてなかなか電話ができなかったという人も、ムリなく続けることができます。

●比較的簡単にお客さまと打ち解けられる

初対面の人と会ったときの、最初の雰囲気づくりで悩む必要がなくなります。お客さまの警戒心を解けるうえに、こちらもリラックスできるので、いい雰囲気で商談に臨むことができます。

●延々としゃべり続ける苦痛がなくなる

聞いているのかどうかわからない相手に、延々としゃべり続けなければならない苦痛がなくなります。一方的にこちらからしゃべるのではなく、むしろ先方が率先してしゃべってくれるようになるのです。

●強引な説得や駆け引きをする必要がなくなる

トークやテクニックを駆使してお客さまを説得するわけではないので、気合も根性も不要です。性格に合わないことをムリしてやる必要もなくなります。

●自分にムリをしないで売れるようになる

結果として、ムリに性格を変えて頑張っていたときよりも、はるかにラクに、そしてはるかに売れるようになります。

いかがでしょう？

内向型営業マンにとっては、理想的な営業スタイルではないですか？

いままで一生懸命に「明るく元気な」営業マンに変わろうとしてきた努力の一部をこちらに割り振るだけで、**「内向型のまま」**でも売れる営業マンになれるのです。

もちろん、そのままトップ営業になることも夢ではありません。

そして、まわりからも、「もっと明るくしろ」とか「もっと気合を入れろ」などと責められることもなくなって、あなた自身がもっていた「内向型＝営業に不向き」という既成概念から解き放たれるのです。

素のままのあなたでいれば、「紹介の輪」まで広がってくる！

内向型に合った営業スタイル――。

これを続けていると、さらにいいことが起こります。

新規のお客さまを見つけて商品を売る。この繰り返しが営業の仕事です。

でも、売れている営業マンというのは、ちょっと違います。新規のお客さまを見つけるための労力が極端に少ないのです。

これってどういうことだかわかりますか？

私はいろいろな営業マンを見てきて、それに気づきました。売れている営業マンとそうでない営業マンとの決定的な違いは、**「紹介される数」**にあったのです。

自分でお客さまを見つけて会いにいくのと、だれかに紹介されて会いにいくのとでは、その過程に使う時間や労力はもちろんのこと、実際に会ってからの受注率も大きく違ってきますよね。

「そりゃあ紹介されたいけど、それが難しいんだよ」

そのとおりです。

単純に会う人ごとに「だれかを紹介してください」と頼んでも、すぐに紹介してくれるというものではありませんよね。

では、どうすればいいのでしょうか？

それには、「人に紹介したくなる営業マンになる」ことです。

それをお客さまの立場でいうと、**「自分の知り合いに紹介しても心配のない営業マン」**ということになります。

どんなに優れた商品だったとしても、その営業マンがいい加減な人だったら、自分の友人に紹介しようとは思いませんよね。ヘタに紹介してしまったために自分自身の信頼を失う危険性がある営業マンなど、絶対に紹介しようとは思わないはずです。

その点、売れている営業マンは、お客さまに「信頼される」ことに全力を注いでいます。信頼されることによって、その人からの売上げはもちろんのこと、その後のリピートや紹介などを受ける可能性を広げているのです。

もうお気づきかもしれませんが、この本で解説している5つのステップは、すべてお客さまに「信頼される」ための手順でもあります。

- **お客さまによけいなプレッシャーや不快感を与えない「アポ取り」**
- **警戒しているお客さまの心を和らげる「訪問」**
- **「あなたのことを正確に知りたい」という意思を伝える「ヒアリング」**
- **「あなたのためだけに説明している」ということを表す「商品説明」**
- **「あなたが決めてください」とやさしく提案する「クロージング」**

これらはすべてお客さまの気持ちを重視した行動になっているのがわかりますよね。

ステップを踏むごとに、

「ああ、この営業マンは本当に自分のためを思ってくれているんだ」

という気持ちのいい感情を、お客さまに与えることができるのです。

もう1つ、お客さまから信頼されるための重要なポイントがあります。

それは、営業マンが「正直」であることです。

本来、「営業マンというのは自分に都合のいいことしかいわない」と世間一般では思われているものです。そして、それがお客さまの警戒心につながっています。

そんなお客さまに対して、もし内向型であるあなたが「明るく元気な」営業マンを装って接したらどうなりますか？

本当の自分の性格を隠してつくろってみても、いずれどこかでバレてしまうことでしょう。たくさんの営業マンの相手をしているお客さまであればあるほど、それを見抜く目は確かです。そうなっては、もう信頼されるどころではありませんよね。

つまり、「正直」であるということは、自分の性格にも正直でなければならないということなのです。

「素のままのあなた」で接することこそが、お客さまに信頼されるポイントなのです。

「信頼できる」営業マンから気持ちのいい買い物ができたときは、思わず人にいいたくなりますよね。友人にも勧めたくなるでしょう。それが「紹介」のメカニズムです。

お客さまに信頼を与えることを意識すると、営業をするたびに**「紹介の輪」**が広がって、どんどんラクになっていきます。

よく「売れている営業マンにかぎって定時で帰っている」という話を聞きますが、まさにこういうことだったのです。

あなたも自分の性格に正直になって、きちんとステップを踏むことで、お客さまから信頼される営業マンになりましょう。

そして、どんどんラクに売れるような営業マンを目指してください。

内向型である自分を認めたとき、すべてに自信がわいてくる！

「自分の性格が好きだったら、それに正直になることは簡単だろう。だけど、嫌いだったとしたら、その性格に正直になるというのは難しいのでは？」

ここまでのところを読んで、あなたはこう思ったかもしれません。

たしかにそのとおりです。

私は子どもの頃からコンプレックスのカタマリでした。

小学校に入ったくらいから大人にいわれ続けていた**「もっと積極的に」**という言葉。

これは子どもの私にとっては励ましでも何でもなく、「お前はまわりの人より劣っているんだ」といわれているようにしか思えませんでした。

心に深く「自分は悪い性格なんだ」という罪悪感を抱えていたのです。

あなたが内向型なら、おそらく似たような経験があるのではないですか？

でも、ここで考えてみてください。

先生たちは背が低い子に対して「もっと大きくなりなさい」とはいいませんよね。背が低い子も、当人としては悩んでいるかもしれませんが、悪いことだとは思っていないはずです。それはもって生まれた体質だからです。

同様に人の性格というのも、もって生まれたものではないかと私は思っています。

もちろん、環境などによって左右される部分もあるでしょうが、根本的には体質と同じように、**「生まれつき性格が決まっている」**としたらいかがでしょうか？

また、「性格は変えられる」とよくいわれていますが、それについても私は疑問です。

私自身もかつては「外交的な性格になるように」かなり努力をしてきたつもりですが、まったくといっていいほど変われませんでした。

まあ、百歩ゆずって変われた人がいたとしても、それには相当の時間と労力がかかったことでしょう。

そしてその結果、「明るい」性格になれたとしても、それは本来明るい性格をもっている人と同じになっただけにすぎません。

努力のわりには報われない気がしませんか?

そんな私でしたが、ある人にいわれた一言をキッカケに、

「自分は無口な人間だ」

と認めることができたのです。


その一言とは、「あなたの強みは無口なところだ」というものです。

「無口が強み? それって矛盾してない?」

と思われるかもしれません。

私も一瞬そう思いました。

でも、その「強み」という言葉を**「個性」**に置き換えるとどうでしょう？

それまでの私は、内向型の自分の性格がイヤでしかたがありませんでした。

コンプレックスと罪悪感の根源だったからです。

だから、それを自分で認めるなんてできませんでした。

ところが、その内向的な性格が個性だとすれば話は別です。性格も身体的な特徴と同じだと考えれば、それは立派な個性になるのです。

いずれにしても、その一言で私の世界は大きく広がりました。無意識のうちに「自分は悪い」と思い込んでいたことから解放されたのです。

そして、それを自ら口に出していうことにより、コンプレックスの根源だった「無口」が、自分を売るための強力な**「武器」**に変わりました。私の肩書である「サイレントセールストレーナー」というのは、そうして生まれたのです。

繰り返しになりますが、自分で自分の性格を認めてしまうと、とても気分が解放されます。

私はよくセミナーなどで講師をやるときに、

「自分はしゃべりがヘタです」

というようにしています。実際にそうですし、そう宣言することで自分がとてもラクになれるのです。

以前は一生懸命うまくしゃべる練習をしていましたが、それもいまではやめました。

もちろん、最初は勇気がいります。

ずっと自分のなかに隠してきたものなので、そう簡単には認められるものではありません。


ただ、ここでもう一度いいますが、「そもそも人の性格にいいも悪いもない」のです。


それは背が高いか低いかの違いと同じようなものです。内向的とか外交的というのも、単なる性格の違いにすぎません。そして、それは個性なのです。

だから、おとなしい性格であっても人見知りであっても、それは劣っているということではありません。単に「違う」ということなのです。

いかがでしょうか？

あなたのもって生まれた性格を認めてあげてください。

そして、その性格に正直になってみてください。

堂々と内向的な性格のまま営業に行ってください。

そうすれば、あなたはコンプレックスから解放されて、営業でのやりとりはもちろんのこと、あなたの仕事や生き方のすべてが変わってくるでしょう。

私には、近い将来「売れる営業」になっているあなたの姿が、はっきりと見えていますよ。

おわりに

あなたは、あなたのままでいい

いまだからいえることですが、私がリクルートに入社して営業所に初めて足を踏み入れたとき、はっきりいって後悔しました。

大声で電話をしている人、書類をもって走りまわっている人、怒鳴りながら打ち合わせをしている人……。

とにかくみんながいっせいにしゃべっている感じで、とてもやかましかったのです。

そんな部屋全体の喧騒と熱気に圧倒されたのが最初でした。

「これは場違いなところに来ちゃったぞ」

それまでは、地味で静かな、ある意味で普通の会社に勤めていたので、そのあまりのギャップに戸惑いました。

しかも、私は内向型の代表みたいな人間です。この雰囲気になじめる自信はありません。その場で辞めようかとも考えました。

しかし、何もしないで辞めてしまうのはあまりに情けないので、「まずは頑張ってみよう」と思い、何とか踏みとどまったのです。

リクルートには本当にいろいろなタイプの営業マンがいました。

基本的には「明るく元気」なのですが、この本で出てきたH先輩のようなマルチタイプもいます。それでも、社内外でおとなしい私のような人間は、異色の存在だったことは確かです。

ただし、明るい人でも静かな人でも、売れている人には共通点がありました。

それは、この本で解説している**「営業ステップ」**をしっかりと踏んでいるということです。

実際、リクルートの営業力の原点は、この営業ステップにあるのではないかとまで私は思っています。

つまり、正しくステップを踏んでいれば、どんなルートでいこうと同じゴールにたどりつけるというわけです。

その意味でも、営業に性格なんて関係ないのです。

さて、売れないで自分にムリをしていた私が、その頃に知りたかったことをまとめたのがこの本です。

「当時の私がこれを読んだら、きっとホッとして気持ちが軽くなるだろうなあ」

などと想像しながら、いわば過去の自分のために書きました。

そして現在、当時の私と同じように自分の性格のことで悩んでいる人に、

「もう性格で悩まなくてもいいんだよ」

「むしろ自分の性格をそのまま活かしたほうが、いい結果を生むんだよ」

と伝えたかったのです。

それがようやく実現しました。

この本が、内向型の性格に悩んでいる1人でも多くの営業マンの方々の一助となれば、

著者としてうれしいかぎりです。

最後に、この本の構成や内容に対して、つねに深く厳しいアドバイスを長時間に渡ってしていただいた編集者の竹下さんに、この場を借りてお礼を申し上げます。

また、この本が生まれるキッカケをつくっていただいたうえに、竹下さんと引き合わせていただいたモエル株式会社の木戸一敏さんにも深く感謝しています。

本当にありがとうございました。

そして、休日返上で執筆している私をいつも支えてくれた妻に感謝しながら、結びの言葉といたします。

サイレントセールストレーナー　渡瀬　謙

日々の営業に役立つ情報をお届けしています！

無料メールマガジン

ストレスなしの営業を提案する「営業のカンセツワザ」


営業は、もう根性と気合いだけでガンバル時代ではない！

永く、気持ちよく、ストレスなく、そして売れる営業をめざそう！

顧客とのコミュニケーションづくりを重視した、カンセツワザのようにジワリと効くメルマガです。

→ **http://www.mag2.com/m/0000115536.html**
→「カンセツワザ」で検索

定期セミナー

「口下手でも売れる！ステップ営業法セミナー」

「ストレスゼロのＴＦＴアポ取りセミナー」


など、定期的にセミナーを開催しています。

→ 詳細　**http://www.pictworks.com/**

その他、セミナーや社内研修などのご依頼・お問合せのメールはこちらへ
→ **info@pictworks.com**

内向型営業《ないこうがたえいぎょう》マンの売《う》り方《かた》にはコツがある

ムリに自分を変えないほうがうまくいく！

2009年3月6日　初版発行
2009年10月20日　4刷発行

著　者……渡瀬《わたせ》　謙《けん》
発行者……大和謙二
発行所……株式会社大和出版
東京都文京区音羽1-26-11　〒112-0013
電話　営業部03-5978-8121／編集部03-5978-8131
http://www.daiwashuppan.com
印刷所……信毎書籍印刷株式会社
製本所……有限会社誠幸堂
ブックデザイン……村﨑和寿
カバーイラスト……伊東ぢゅん子

乱丁・落丁のものはお取替えいたします
定価はカバーに表示してあります

ISBN978-4-8047-1737-1